투자를 위한
마지막 정답

The Investment Answer

투자를 위한
마지막 정답

THE INVESTMENT ANSWER

댄 골디 · 고든 머레이 지음 | **우승택생테크연구소** 옮김

북앳북스

서문

월스트리트의 주식 중개업자들과 투자자문회사 직원들은 상대적으로 투자자의 부족한 투자 전문 지식을 이용합니다. 그들 고객의 이익을 위해서가 아니라, 그들의 이익을 위해서입니다.

경제지들은 투자자들이 하락장에서 갖는 공포심과 상승장에서 확신하는 심리를 이용합니다. 역시 그들의 이익을 위해서지, 그들 고객의 이익을 위해서가 아니지요.

기록된 바에 의하면 우리의 엄선된 대리인, 대중적 신용도를 가진 신용평가기관, 그리고 정부 당국마저도 투자자가 아닌 자신들의 이익(흔히 그들은 "개별적인 타당성보다 사회적 타당성과 법적인 안정성을 고려합니다"고 말한다 ─옮긴이)을 우선시합니다.

그 누구도 지금껏 이 책의 내용과 같은 투자 관련 핵심 내용을 밝힌 적이 없습니다. 이제는 투자자 스스로 투자의 미래를 책임져야 합니다. 그 작업은 여러분이 생각했던 것보다 훨씬 쉬울지 모릅니다.

한국어판 서문

《투자를 위한 마지막 정답》과 이 책의 변치 않을 원칙들이 한국 투자자들에게 소개된다는 소식에 무척 기쁩니다. 지금은 세상을 떠난 고든 머레이는 언제나 헌신적인 마음과 열정으로, 우리는 누구나 다른 이들의 삶에 변화를 줄 수 있다고 믿었습니다. 우리 두 사람은 바로 이런 정신으로 이 책을 썼습니다. 투자에 관한 우리의 메시지가 국경을 넘어 소개된다는 사실을 알았다면 고든 역시 무척 기뻐했을 것입니다.

이 책에 담긴 투자 개념들은 보편적입니다. 어디에서 살든, 어떤 시장에서 투자를 하고 있든 관계없이, 모든 투자자들은 아래의 다섯 가지 아이디어를 통해 혜택을 얻을 수 있을 것입니다.

- 당신의 이익을 최우선으로 생각하고 자신이 권유하는 투자 상품으로써 보상받으려 하지 않는 투자 자문을 찾는 것.
- 불확실하고 변덕스러운 시장에서 우리 모두가 갖게 되는 인

간적이고 감정적인 반응을 다스리는 방법을 이해하는 것.
- 투자자산을 주식, 채권, 현금에 따라 어떻게 분배할 것인지
  를 의식적으로 결정하는 것의 중요성을 인식하는 것.
- 위험요소와 수익은 반박의 여지없이 서로 연관되어 있다는
  것, 그리고 장기 금융시장은 정보를 물가에 포함시키는 데
  매우 효율적이라는 것.
- 포트폴리오의 재배치가 반직관적이면서도 성공적인 투자 경
  험을 갖기 위해 필수적인 이유.

　여러분은 이 책의 아이디어들을 미국 투자자들과는 조금 다른 방식으로 활용해야 할 것입니다. 여러분이 한국에서 사용하고 있는 투자 수단이나, 포트폴리오의 할당 방식은 미국과 다를 테니까요.

　그러나 여러분의 목표는 전 세계 모든 투자자들과 동일할 것입니다. 국제 금융시장에서 이용 가능한 투자수익 가운데 나의 할당 몫을 점유하는 것이지요. 이러한 수익을 얻는 것은 어렵지 않습니다. 여러분이 책에서 소개되는 다섯 가지 주요 아이디어와 그 외 다른 개념들을 효율적으로 적용한다면, 분명 성공적인 투자자가 되리라 확신합니다.

댄 골디

목차

다섯 가지 조언! The Decisions

결론 Conclusions

이 책을
왜 쓰게 되었나

우리는 다음과 같은 이야기를 너무도 자주 듣곤 했습니다.

론과 주디는 그들의 돈을 어느 브로커를 통해 그 중개 회사가 판매중인 대중적인 투자상품에 투자했습니다(예를 들어, 재간접 헤지펀드, MFA, 두 개의 SMA, 그리고 몇몇의 공공채 등). 그들은 자신들이 지불하는 수수료가 얼마인지는 전혀 알지 못했고, 자신들의 투자 성과가 좋은지 나쁜지조차도 몰랐습니다. 그 브로커는 그들을 위한 장기적인 투자 계획을 세워 두지 않았지요. 따라서 그들은 자신들의 투자 목표를 향해 제대로 나아가고 있는지 알 길이 없었습니다. 그들은 심지어 자신들의 투자 목표가 무엇인지도 알지 못했습니다. 브로커는 최근 들어 금펀드를 추천했는데, 이는 그 중개회사가 인플레이션을 예상하고 있기 때문이었습니다. 론과 주디는 어찌할 바를 모르는 상태입니다.

베티는 주식시장을 신뢰하지 않았습니다. 그녀와 전남편은 언제나 은행의 CD MMF에만 투자해 왔지요. 그녀는 최근에 자신의 저축만으로는 향후에 현재의 생활 수준을 유지하기 어렵다는 사실과, 그래서 그녀의 남은 생애를 사회보장 수입에 크게 의존하게 될 것임을 깨닫게 됩니다. 따라서 그녀는 무엇을 어떻게 바꾸어야 할지 전혀 확신하지 못하고 있습니다.

스티브는 온라인 주식 계좌를 통해 개별 주식을 사고 팔면서 돈을 관리하고 있습니다. 몇몇은 좋은 주식을 고를 때도 있었지만, 대부분의 경우 전체적인 투자 성과는 좋지 못했지요. 그가 주식을 선택하는 방법은 주로 인터넷을 통해 회사를 조사하고 CNBC 경제 뉴스를 시청하고, 재무 보고서들을 살펴보는 것이지만 이러한 방법이 타당한 것인지에 대해서는 확신이 없었습니다. 이 일에 많은 시간을 쏟고는 있지만 정말로 중요한 정보를 얻고 있지는 못하다는 점을 그도 알고 있었습니다. 종목 선정에 들이는 시간을 차라리 자신의 직업의 커리어를 쌓는 데 쓰는 것이 더 낫지 않을까 의아해할 뿐입니다.

에이미는 다니는 회사의 퇴직연금에 정기적으로 돈을 적립하고 있습니다. 그리고 추가적으로 여유가 있을 때는 주식 펀드에도 투자를 하고 있습니다. 2008년 주식시장이 폭락했을 때 그녀는 공포에 질린 나머지 모두를 처분하여 지금까지 현금으로만 보유하고 있습니다. 주식의 장기투자 성과가 좋다는 점을 알고는 있지만 그녀의 개인적인 경험은 그다지 좋지 못했습니다. 그녀로서는 투자를 중단하는 것이 과연 옳은 일인지 확신이 없습니다.

투자에 대한 사고방식을 바꾸어야 합니다. 전통적인 금융 서비스 산업은 투자자들을 적절하게 돕지 못한 것이 분명합니다. 우리의 바람은 이 책을 통해 여러분이 재무 상담을 선택하고, 돈을 투자하고, 그 결과를 평가하는 방법을 더 잘 이해하게 되는 것입니다.

우리는 시장이 어떻게 작동하며 개인들이 장기적인 투자에 어떻게 접근해야 하는지에 대한 공통된 신념을 가지고 있습니다. 우리는 각각 서로 다른 위치에서 이러한 공통된 관점에 도달했습니다. 즉, 고든은 25년간의 성공적인 월가 경력을 통해 세계에서 가장 뛰어난 기관투자가로 부상한 바 있고, 댄은 20여 년간 독립적인 FA로서 개인투자자들을 상대해 왔습니다. 우리가 서로 대조적인 입장에서 금융 산업에 종사해 왔지만 어떻게 투자해야 하는지에 대해 동일한 결론에 도달했다는 사실은 이러한 접근법이 보편적 진리임을 증명해 줍니다.

우리가 처음 만나서 서로 일치하지 않는 투자 논리에 대해 평가하고 이 책에 서술된 투자 개념을 지지하는 증거를 찾기 위해 노력하면서 우리 각자는 마치 '밝은 빛이 켜진 것'과 같은 깨달음을 체험했습니다.

이미 수많은 책과 논문이 여기에서 다루고 있는 개념을 언급하고 있습니다. 그리고 어쩌면 더 자세히 설명해 줄지도 모릅니다. 하지만 거기에는 약간의 문제가 있습니다. 우리에게 이들 출판물은 너무 길거나 전문적이라는 점입니다. 우리의 목표는 이러한 중요 개념을 모든 투자자들이 쉽게 이해할 수 있도록 표현하는 것입니다. 그래서 이 책에서는 의도적으로 간략하게 요점만 정리하고 있습니다. 여러분이 앉은 자리에서 이 책의 처음부터 끝까지 다 읽을 수 있기를 바랍니다.

우리는 더 나은 투자 방법을 원합니다. 월가가 정말로 어떻게 움직이는지, 그리고 시장이 어떻게 작동하는지 더 잘 이해하기를 바랍니다. 스스로가 제대로 투자하고 있다는, 그리고 똑똑한 재무 결정을 내리고 있다는 확신을 갖게 되기를 바랍니다.

해답은 분명히 있습니다. 그 답은 바로 이 책에서 찾을 수 있을 것입니다.

투자에 앞서 해야 할 일

오늘날 좋은 소식이 있다면 인간의 수명은 과거에 비해 길어지고 더 건강하게 살 수 있게 되었다는 것입니다. 최근 들어 미국의 65세 퇴직자의 기대수명은 20년 이상으로 수십 년 전에 비해 매우 길어졌습니다. 더더구나 거의 매일 새로운 의학기술이 개발돼 삶의 질은 높아지고 우리를 좀더 고상하게 늙을 수 있도록 해 주고 있습니다.

반면에 안 좋은 소식이라고 한다면 우리 중 많은 사람들이 퇴직 이후를 즐겁게 보낼 경제적 여유가 없다는 것입니다. 더욱이 기존의 퇴직연금, 의료보험과 같은 사회보장 시스템에 의존할 수가 없게 됐다는 소식이 자꾸만 들리고 있지요. 우리가 집을 마련하기 위해서 현찰로 집을 저축을 한다든지 아이들의 대학 학자금을 위해서라든지, 안락한 퇴직 이후를 위해서라도 우리 스스로 현명하게 투자할 필요성은 그 어느 때보다도 더욱 중요한 명제가 되었습니다.

우리 중 일부는 남의 도움 없이 스스로 모든 것을 다 할 수 있다고 믿습니다. 그들은 우리에게 말합니다. 우리도 우리 스스로 모든 것을 할 수 있다고 말입니다. 그들은 우리에게 또 말합니다. 만약 우리가 그들이 추천하는 주식이나 뮤추얼펀드를 사기라도 한다면 우리들도 시장 수익률을 훨씬 뛰어넘는 수익을 올릴 수 있다고 말입니다. 그들은 우리가 자신들의 말을 믿기를 바랍니다. 우리가 그들의 트레이딩 추천 종목을 따라 사기만 한다면 우리도 남들보다 빨리 부자가 될 수 있다고 하는 그 말을 말이지요.

결과적으로 우리는 최근의 금융 관련 잡지를 뒤적거린다거나, 증권회사의 리서치 보고서를 연구하기도 하고, 경제 방송 뉴스를 보기도 하고, 또는 다음의 대박주를 찾기 위한 열망을 가지고 유망 종목과 유명 펀드매니저를 찾아다니기도 하며, 주식의 매도·매수 타이밍을 잡는답시고 시장을 나갔다가 다시 들어왔다가 하기도 합니다. 쓸모 없이 시간을 허비하고 있을런지도 모르는 일입니다.

물론 그 반대의 일을 하고 다닐 수도 있습니다. 투자자들은 재무계획의 중요성을 망각하거나 단순히 "잘되겠지" 하는 요행심을 바라거나 재무 계획을 짜는 것보다는, 놀러 다니는 휴가계획을 짜는 데 더 많은 시간을 투입하는 사람들도 있을 것입니다.

이로 인해 대부분의 투자자들은 위험에 크게 노출될 뿐만 아니라, 적절한 포트폴리오에 제대로 분산투자를 하지 못하고 결국 터무니없이 높은 수수료와 세금을 낭비하고 마는 것이지요. 그 결과 너무나도 저조한 수익률과 너무나도 높은 리스크를 가진 투자 실적을 초래하고 마는 것입니다.

안타깝게도 투자자들의 대부분은 투자라는 것을 도대체 어디서부터 어떻게 시작을 해야 할지 잘 모르고 겁부터 냅니다. 증권시장을 이상한 숫자들을 쌓아 놓은 도박장 같은 곳으로만 생각하고 금융인들을 적대시하기도 합니다. 사람들은 투자라는 용어 자체에 겁먹고 있는가 하면, 월스트리트 시황 보고서가 추천하는 사안에 대해서는 경계심을 갖기도 합니다. 결국 우리 중 많은 사람들이 어쩌다가 자신의 돈으로 무엇을 해야 할지 혼란스럽게 생각하게 되었는지, 또 어떻게 하면 멋지고 현명한 재무 계획을 짜는 방법에 대해서 확신을 가지지 못하는지 이해하는 것은 그다지 어려운 일이 아닙니다.

비유하자면 지금은 어떻게 해야 할지를 모르는 병자일지라도, 좀 더 긴 시간의 지평을 가진 훈련 받은 투자자가 된다면, 금융시장은 여러분의 적이 아니라 여러분의 보호자가 될 수도 있습니다. 여러분이 해야 할 일은 앞으로 나올 '다섯 가지 조언'을 철저하게 지키는 일입니다. 지난 60년에 걸쳐 노벨 경제학상을 수상한 사람들이 터득한 지혜를 활용하게 된다면 여러분에게 훨씬 유리한 도움을 줄 수 있을 것입니다.

여러분도 이제 성공적인 투자 경험을 가질 수 있을 것입니다.

1. 스스로 하겠다는 결정

만약 여러분 스스로 판단하여 투자를 하려고 한다든 지, 투자 전문가의 도움을 필요로 한다고 합시다. 그 렇다면 어떤 전문가가 여러분에게 최선의 선택이 되 는 것일까요?

2. 자산배분의 결정

여러분은 주식(비상장 투자 포함), 채권(확정이자), 현금 (CMA 혹은 MMF) 등의 상품 중에서 어느 정도의 비중 으로 어떻게 자산을 배분할까요?

3. 분산투자의 결정

다양하고 폭넓은 포트폴리오 범주에서 어떤 자산군을 어떤 비율로 여러분의 포트폴리오에 편입할까요(편입 대상과 편입 비율을 어떻게 정할까요)?

4. 능동적 투자 결정과 수동적 투자 사이의 결정

여러분은 어떠한 것을 선호합니까? 시장 평균 수익률 을 상회하는 고수익을 추구하기 위해 능동적 투자를

할까요, 시장 평균 수익률에 만족하는 수동적 투자를
할까요?

5. 자산재배치 결정

여러분의 포트폴리오에서 어떤 자산을 언제 팔고, 언
제 더 사야 할까요?

이 다섯 가지 요인은 여러분의 전체적인 투자 경험을 형성하
는 데 매우 중요합니다. 여러분이 이런 요인을 인지하고 있든
그렇지 못하든, 중요한 것은 여러분은 매일 이 같은 결정을 하
고 있다는 사실입니다. 설사 투자를 결정하는 데 있어 그냥 정
해진 것을 따라가기만 하고 아무것도 안 한다고 할지라도, 이
미 내재적으로 여러분도 모르는 사이에 이러한 다섯 가지 질문
에 대해 항상 답하고 있다는 것입니다(금융기관 직원과 전화하다
보면 "사장님 이 건 어떠세요?" "요즘 상황이 이런데 이것을 팔고
저것을 새로 가입 하시는 게 어떨까요?" 하고 묻는다. 그 전화나 제
안 역시 위의 다섯 가지 요건 하에서 말하는 것이다 ─옮긴이)

우리는 여러분에게 이 다섯 개 항목의 배경과 그 결정 방법
을 제공할 것입니다. 그리고 여러분이 더 나은 선택을 할 수 있
도록 도울 것입니다. 우리는 우리의 경험과 하고 싶은 말들을
여러분과 공유하려고 합니다.

투자라고 하는 어떤 실체의 핵심을 잡는 이 다섯 가지 투자 결정을 하는 법을 배우게 된다면, 여러분은 이제 금융시장, 특히 증권시장에 대한 두려움이 없어지거나 "이제 내 돈으로 무엇을 하지?" 하는 불확실성도 없어지게 될 것입니다. 이제 여러분은 더 이상 모르고 투자하는 '투기자'가 아닙니다. 스스로가 무엇을 하고 있다는 것을 아는 '투자자'가 된 것입니다.

다섯 가지 조언!

The Decisions

CHAPTER 1

혼자서는 위험하다
The Do-It-Yourself Decision

최근 들어 남의 손을 빌리지 않고 혼자서 해결하는 'Do It Yourself^{DIY}'가 늘고 있습니다. 주로 집 수리나 장식, 출판 그리고 패션분야에서 이런 현상이 두드러지지요. 그러나(여기서는 빙 돌려서 이야기하지 않겠습니다) 많은 경우 우리는 투자를 할 때는 그렇게 혼자 하는 결정이 신중한 판단이었다고 생각하지 않습니다.

금융은 복잡합니다. 많은 장애물이 주위를 에워싸지요. 그리고 그 장애물은 매우 높습니다. 의사의 처방 없이 치료를 하지 않는 것과 마찬가지로, 투자자 개인의 재무 건전성도 육체의 건강처럼 전문가를 통해 관리되어야 합니다. 여러분 편에서 일을 해 줄 적합한 전문가의 도움으로 말이지요!

혼자 투자를 결정하는 것은 매우 어려울 수 있습니다. 시간도 많이 걸리고 정신적으로도 아주 피곤한 일이지요. 대부분의 개인 투자자들은 관련 지식이 부족하고 시장을 잘 모르면서도 단독으로 투자를 결정하고 스스로 관리하려는 경향이 있습니다. 그러나 만약 투자 노하우가 풍부한 사람이라 하더라도 독단적인 행보는 바람직하지 않습니다.

현대의 글로벌 금융시장, 복잡한 금융 제도 그리고 금융의 전문가들은 보다 우수한 자원들을 활용할 수 있습니다. 이런 상황에서 개인이 효과적으로 포트폴리오를 관리하고 수수료와 세금을 절약하며 위험한 중복 투자를 피하는 등의 노력을 기울이기란 쉽지 않습니다. 게다가 포트폴리오를 모니터링하고 원하는 정도의 위험 수준을 유지하는 작업은 난해한 일입니다.

또한 인간의 직관이란 투자에 있어서는 최악의 적이 될 수 있습니다. 미국의 금융연구기관인 달바Dalibar가 실시한 '뮤추얼펀드 투자자들의 행태행태심리학가 실제 투자수익에 어떤 영향을 미치는지에 대한 연구조사 결과'는 직관에 의지한 투자가 얼마나 불리한지를 여실히 보여 줍니다.

〈그림 1-1〉은 달바가 1989년부터 2009년까지 20년간 조사한 결과입니다.

투자를 위한 마지막 정답

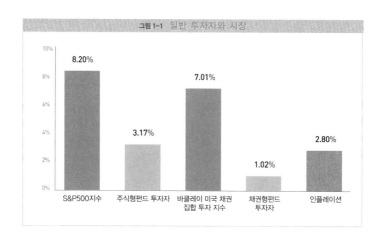

그림 1-1 일반 투자자와 시장

- 주식형펀드 투자자의 연간 수익률은 3.2%에 불과했으며, 상대적으로 S&P500 지수 투자는 8.2%의 수익률을 기록했습니다.

- 채권형펀드 투자자의 연간 수익률은 1.0%에 불과한 반면 바클레이 종합 미국 채권 지수는 7.0%에 달했습니다.

- 아마 더욱더 불행한 일은, 다름 아닌 주식형펀드 투자자들은 인플레이션 증가율도 못 따라갔다는 것이고, 채권형펀드 투자자들은 간신히 원금을 증식시키는 정도였다는 실망스러운 사실입니다.

어떻게 이런 결과가 나온 것일까요? 일반적인 투자자들은 채권이나 주식의 가격이 상승한 후 추격 매수를 하기 때문입니다. 우리가 이런 상황이 되는 것은, 시장이 상승할 때 우리는 투자에 대한 확신이 들고 안심이 되기 때문입니다.

이와 비슷하게 시장이 하락 장세를 보일 때는 두려움에 곧바로 주식을 처분하게 됩니다. 이러한 행태는 결국 우리들 개인 투자가들이 최고가 근처에서 매입하고 최저가 근처에서 매각하는 우를 범하게 됩니다. 결국 그렇게 해서 우리는 시장평균 수익률도 얻지 못하게 되는 것입니다.

〈그림 1-2〉는 '투자의 감성적 사이클^{emotional cycle of investing}'과 그것이 투자 실패에 어떻게 영향을 미치는지를 보여 줍니다.

언론과 월스트리트의 중개업자들은 이 같은 현상을 유발하는 동기를 제공합니다. 사람들이 투자 기회를 찾고 있을 때《포

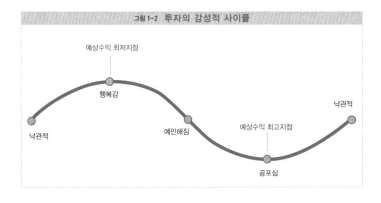

그림 1-2 투자의 감성적 사이클

춘》《포브스》또는《머니》같은 신문이나 CNBC, 블룸버그, 폭스 비즈니스뉴스와 같은 TV프로그램은 마치 '투자'를 '엔터테인먼트'로 착각하게 만들어 버립니다.

언론의 '낚시'성 광고가 준비되고, 여러분은 그 광고에 맞추어 투자하기로 결정합니다. 그때 여러분이 거래하는 금융기관에는 부가적인 수수료 수입이 발생하게 되는 것입니다. 아직도 많은 금융상품 중개회사들은 고객이 다른 상품으로 갈아탈 때 발생하는 거래 수수료에 크게 의존하고 있는 실정입니다.

모든 금융기관들이 여전히 장기 투자를 권하고 있지만 장기 투자 시에는 투자 손실을 입히는 투자자의 심리적 성향이 많습니다. 여러분은 혹시 다음 항목 가운데 이미 경험한 내용은 없습니까?

자기 자신에 대한 과신

일반적인 과신 성향은 여러 측면에서 사회에 도움이 됩니다. 가령, 자신에 대한 지나친 믿음이 없다면 새로운 발명이나 획기적인 회사, 선구적인 연구의 결과물은 나오지 않았을지도 모르니까요. 그러나 금융 투자에 있어서 과신은 금융자산 건전성에 좋지 않은 영향을 끼칩니다. 그것은 인생에서의 성공이 금융 투자의 성공으로 이어지지는 않는다는 것입니다. 불행하게도 사회에서 성공한 사람들은 막대한 투자 손실을 입은 다음에야 이 교훈을 얻은 경우가 많습니다.

또 오를 것이라는 가격 상승의 유혹

석유나 고기와 같은 생필품 가격이 오르면 소비자들은 소비를 줄이거나 대체상품을 찾습니다. 그러나 금융시장은 그와 반대로 움직입니다. 투자자들은 금융상품의 가격이 오를 때 더 구매력을 느낍니다.

또한 과거에 우수한 실적을 낸 뮤추얼펀드는 잘 팔립니다. 마찬가지로 실적이 좋지 않은 펀드는 투자자들이 해지해 버리는 경향이 있습니다. 하지만 투자에 있어서 과거 실적이 미래에도 좋은 실적을 낼 지표가 될 거라는 보장은 없습니다.

몰려 다니는 군중심리

인간은 한 조직의 구성원이라는 것에 편안함을 느낍니다. 다른 사람들이 뭔가를 할 때 똑같이 따라하면서 편안함을 갖게 되는 것입니다. 최근의 모기지 담보부 증권mortgage backed security에 자금이 몰리는 현상이나 위험도 높은 대출로 인해 대량 손실이 생기는 사례가 이에 해당됩니다. 역대 기록을 살펴보면 '대중심리가 어느 한 방향으로 움직일 때 그 반대 방향으로 갈 준비를 해야 한다'라는 사실을 알게 됩니다(5장 '자산 배분비율 조정 결정'에서 이 문제를 어떻게 피해가는지 자세히 알아본다).

후회를 회피하려는 공포심

우리는 자신의 결정이 잘못됐을지도 모른다는 공포 때문에 투자를 할 때 종종 머뭇거리곤 합니다. 예를 들어, 안 좋은 시기에 시장에 진입하는 것이 두려워 자금을 그냥 묶어 두고 있지는 않습니까? 기억하세요. 가장 좋은 매입 시기는 여러분이 돈이 마련돼 있을 때고, 여러분이 주식이나 펀드를 팔아야 할 시점은 여러분이 현금이 필요할 때라는 사실을 말이지요.

친밀감의 함정

우리 스스로의 조사와 연구가 아닌, 단지 여러분이 속한 조직과의 관계라든지 믿을 만한 친구나 유명인사의 추천으로 투자한 경험이 몇 번이나 있습니까?

이외에도 확인하지 않고 넘어가면 투자에 독이 되는 감정적인 요인들이 더 있습니다. 아마도 많은 이들이 경제학자인 찰스 킨들버거Charles Kindleberger의 연구 결과와 관계가 있을 것입니다. 그는 《열광, 공포와 파괴Mania, Panics and Crashes》라는 저서에서 "여러분이 잘살고 올바른 판단을 내리는 데 방해가 되는 것은 친구가 점점 더 부자가 되는 것을 보는 것"이라고 말했습니다.

시장의 변동은 지속적으로 우리를 편견과 싸우게 만듭니다. 이 같은 보편적인 인간의 심리 성향을 다스리는 데는 훈련이 필요합니다. 이 훈련은 시장이 어떻게 움직이는지 이해하면서 시작됩니다. 올바른 훈련을 통해 우리는 컨트롤할 수 있는 부분에 시간과 노력을 기울일 수 있게 되지요. 이는 보다 효율적일 뿐아니라, 걱정을 덜 하며 우리의 투자 목표를 달성하는 데도 도움이 됩니다.

목표 달성은 주변의 조력자 없이는 힘든 일입니다. 자산 운용에 성공적인 투자자들은 대부분 전문 운용 인력을 이용하고 있습니다. 능력 있는 운용 인력은 투자에 있어서 정해진 규정과 명확한 단계를 밟아 행동학적 함정에 빠지지 않도록 도와줍니다.

만약 여러분이 여기에 동의한다면 이제 질문은 어떤 운용회사를 선택할 것인가로 좁혀집니다. 소매 위탁 매매자retail broker냐, 수수료를 주요 수익으로 삼는 독립투자관리인Independent Financial Advisor이냐를 선택해야 하는 것이지요.

오래전 독립투자관리인이 흔치 않던 시절에는 소매 위탁 매매자가 투자 조언을 해 줄 수 있는 유일한 전문가였습니다. 하지만 지금은 선택의 여지가 있지요. 이 둘 사이에는 큰 차이가 있다는 점을 기억해야 합니다(우리나라는 속칭 '똑딱이 매매'라고 하는 주식매매만을 하는 일반 점포 직원과 뮤추얼펀드, 적립식펀드 보험 등의 금융상품을 파는 자산관리 영업을 하는 PB Private Banker로 크게 나눌 수 있다. 그러나 최근 들어서는 직원들의 영업 비율이 차이가 있을 뿐, 하는 일은 같다고 봐야 한다—옮긴이)

소 매   위 탁   매 매 자

소매 위탁 매매자는 금융상품을 중개하고 회사, 또는 제3자로부터 수수료를 받는 일종의 에이전트라고 할 수 있습니다. 전통적으로 주식 브로커를 말하는데 요즘에는 그들 스스로 재무자문인Financial advisor 또는 재무컨설턴트Financial consultant 라고 부릅니다. 비록 이들의 명함에 나타난 직함이 이렇다 하더라도 수수료만을 수익으로 하는 독립투자관리인과 혼동해서는 안 됩니다.

소매 위탁 매매는 전통적 방식의 위탁 계좌brokerage account와 투자 자문 계좌 investment advisory account 두 가지가 있습니다(투자 자문 계좌는 과거 투자 상담사 제도와 기존의 투자 자문 회사에서 하는 일임형 자문식 투자 위탁 매매를 말한다. 현재 우리나라에서 유행하는 것은 소위 자문형Wrap이라고 하는 투자 자문 회사를 통한 주식 매매 대행이다. 펀드의 인기와 펀드 편입 비율 등이 제한이 되고 수수료가 높아, 주식 매매를 직접 하지 못하는 투자자들과 주식 매매를 하면 다른 금융상품을 취급하는 데 소홀하게 되어 자문형이 2010년부터 본격화되어 2011년 들어 본격적으로 유행되고 있다―옮긴이).

위탁 계좌

위탁 매매자는 회사의 대리인처럼 활동합니다. 따라서 위탁 매매자의 첫 번째 임무는 회사를 위한 것이지 고객을 위한 것이 아니라는 점을 인지해야 합니다. 투자와 관련된 정보도 정기적으로 제공하고 조언도 하지만 그들에게는 상품 거래를 통한 위탁 수수료 수취가 수입원이 됩니다.

이 계좌를 운용하는 위탁 매매자는 미국 투자 자문 시행령[1940년 제정]의 법 적용을 받지 않습니다. 이 시행령에 따르면 투자 자문 서비스를 제공하고 그 대가로 자산 총액의 일정 비율을 수수료로 수취하거나 정액 수수료를 받는 모든 사람은 투자관리인으로 등록돼 영업 행위와 자격 여부 등이 법에 의해 관리됩니다. 이 시행령은 위탁 매매자는 고객에게 발생 가능한 모든 가능성에 대해 충분히 설명하고 고객의 이익을 먼저 고려하도록 규정하고 있습니다.

하지만 실제로는 위탁 계좌에서 이 같은 법의 보호를 받기란 현실적으로 불가능하지요. 위탁 계좌에서 발생 가능한 잠재적인 갈등 요인과 결정적인 문제점을 나열해 보면 다음과 같습니다.

- 위탁 매매자는 매매 회수가 늘어나야 더 많은 보상을 받게 돼 있으며,
- 제3자에게 많은 투자상품을 판매해야 더 많은 보상을 받으며,
- 판매할 수 있는 해당 회사의 투자상품에 제한이 있다.

투자 자문 계좌

위탁 매매자는 일임 계좌^{managed account}의 투자 자문역으로서
일정 수수료를 받고 재무 설계나 투자 자문 회사 및 상품 선정
과 같은 서비스를 제공합니다. 또한 위탁 매매자는 일임 계좌
의 관리인으로서 자문사 시행령을 따릅니다. 이에 따라 투자자
와 수탁자 계약을 맺고 이해 상충에 대해 설명해야 하며 투자
자 이익을 최우선시해야 합니다. 이 방식은 자산 운용상 발생
할 수 있는 잠재적인 문제점을 상당 부분 제거하기는 했지만
많은 단점을 갖고 있습니다. 예를 들어, 위탁 매매자가 소속 회
사의 투자상품만 취급하도록 규정하고 있어, 다양한 상품을 소
개받을 수 없다는 점이 있습니다.

위탁 매매자 소속 회사의 상품 계좌를 다른 회사로 옮기지
못할 수도 있습니다. 만약 현재의 위탁 매매자가 회사를 옮길
경우 그와 계속 거래를 하고 싶다면 현재의 투자상품 계약을
해지하고, 자금을 빼 위탁 매매자가 새로 입사한 회사의 상품
에 다시 가입해야 합니다(우리 나라는 전산화가 잘되어 이러한 일
은 없다고 봐도 좋다. 그리고 몇 개의 펀드는 증권회사 간 펀드 이동
이 가능하다―옮긴이).

금융 당국은 위탁 매매자가 부풀린 직함을 사용하는 것에 대
해 적절한 조치를 취하지 못해 왔습니다. 위탁 매매자가 언론
에서 소개하는 것과 동일한 수익성이나 상품 특성을 시현하는

지에 대한 판단은 전적으로 개인의 몫입니다. 언론이나 업계의 광고를 맹신하지는 말라고 조언하고 싶습니다.

일을 더 복잡하게 만드는 것은 모든 위탁 매매자가 월스트리트에서 일하는 게 아니라는 것입니다. 어떤 위탁 매매자는 자신을 독립투자관리인이라고 소개합니다. 월스트리트에 있는 회사에 고용된 것이 아니기 때문이지요. 대신 소재지에 위치한 중개 업무 회사와의 독립적인 계약자로 소개합니다. 미국에는 이런 회사가 약 5천여 개에 달하며 수천 개의 지점을 갖고 있습니다.

그들의 존재를 확인하기 위해서는 제일 먼저 그들이 '공인 증권거래사 registered representative' 인지 여부를 물어보면 됩니다. 만약 그렇지 않다면 그들은 정식 독립투자관리인 자격이 없는 사람들입니다.

작명 논쟁 name game 과 비슷한 것이 모자 바꾸기 hat changing 논란입니다. 이 문제는 공인 자문사 및 위탁 매매자와 거래를 할 경우 나타나는데, 위탁 매매자가 수탁자로서 활동을 하면서 갑자기 모자를 바꿔 쓰고 다른 투자상품이나 연금 상품을 판매하는 것을 말합니다.

이런 행태가 문제인 것은 위탁 매매자로부터 전해 들은 상품 정보가 나를 위한 것인지, 아니면 상품 판매를 통해 수수료 수입을 올리려는 것인지 확실치 않기 때문입니다. 법의 허점을 이용한 그들의 유인 상술에 넘어가지 말 것을 당부합니다.

독 립 투 자 관 리 인

위탁 매매자와 달리 수수료^{fee}만을 수취하는 독립투자관리인은 항상 고객 자금을 대신 관리해 주는 수탁자처럼 업무를 처리해야 합니다. 이는 고객의 이익을 가장 먼저 고려해야 한다는 뜻입니다.

보상 체계

독립투자관리인은 그가 관리해 준 총 금액의 일정 비율을 수수료로 계산합니다. 규모의 경제 측면에서 수수료 비중은 계좌 액수가 클수록 줄어듭니다. 위탁 매매자의 수수료는 알아보기도 힘든 계약서에 숨어 있는 반면, 독립투자관리인의 수수료는 간단명료하게 명시돼 있습니다. 또한 위탁 매매자와는 달리 투자자로부터 보상을 받습니다.

수탁회사의 관리

독립투자관리인은 찰스스왑^{Charles Schwab}, 피델리티^{Fidelity}와 같은 제3의 수탁 회사를 이용해 자산을 안전하게 관리하도록 해야 합니다. 이들 수탁 회사들은 자금이 투자자 개인의 이름으로 된 독립된 계좌에 있으며 지정된 담당 관리인만이 제한된

권한을 갖고 계좌를 관리하게 됩니다. 투자자는 수탁 회사로부터 계좌 내역서, 거래 확약서 등 계좌 운용과 관련된 정보를 징기적으로 받습니다. 어떤 환경 하에서라도 여러분은 여러분 자산을 여러분의 자산 관리인이 관리하게 해서는 안 됩니다. 그 대표적인 예가 '매도프 사기 사건(버나드 매도프 전 나스닥증권거래소 회장이 벌인 500억 달러 규모의 금융사기 사건. 매도프는 고수익을 미끼로 투자자를 유인한 뒤 나중에 투자한 사람의 원금으로 앞 사람의 수익을 지급하는 다단계 사기극을 벌인 혐의로 2008년 12월 13일 FBI에 체포됐다—옮긴이)' 이지요.

다시 한 번 강조하지만 투자관리인은 자신보다 고객을 먼저 고려해야 하는 수탁자라는 사실입니다. 만약 수수료를 더 취하기 위해 거래 횟수를 늘리거나 판매 마진이 큰 상품 판매에 매달리거나 해당 회사의 상품만을 취급하려 들어서는 안 됩니다.

훌륭한 금융 자문인은 탐욕에 눈이 먼 고객이 증권회사에서 다른 증권회사로, 시장에서 시장으로, 이 수탁 회사에서 저 수탁 회사로 자금을 이리저리 이체하는 행위를 피하도록 권유합니다.

독립투자관리인은 어떻게 하면 투자자 계좌에서 수수료를 빼앗아 갈까 하는 고민을 하지 않기 때문에 은퇴 설계, 부동산 투자, 보험 상품이나 모기지 대출과 중요한 재무 결정을 내리는 데 있어 많은 도움을 줄 수 있습니다.

소매 위탁 매매자와 독립투자관리인 사이에는 명확한 차이가 존재합니다. 위탁 매매자는 자신의 회사를 위해 일하고 독립투자관리인은 투자자를 위해 일한다는 것입니다.

위탁 매매자와 독립투자관리인 선정 방법

우수한 독립투자관리인을 찾는 것이 급선무입니다. 관리인이 갖춰야 할 덕목에는 두 가지가 있습니다(우리나라에서 독립투자관리인은 독립투자 법인이라고 하여 생명보험이나 화재보험 회사 소속이 많이 있으며, 그들이 다시 증권사와 계약을 맺고 자격증을 취득한 후 보험, 펀드 혹은 직접투자 등을 연결한다—옮긴이)

첫째, 투자 철학이 있어야 합니다. 자금을 운용하고 조언을 하는 데 있어 다양한 방법과 자신만의 철학이 있어야 합니다. 아마도 투자자들은 자신의 투자 철학을 공유하고 생각이 비슷한 관리인을 찾으려 할 것입니다. 물론 관리인이 투자에 있어 확실한 믿음과 방법론을 제시하기를 바랍니다. 관리인이 나와 생각이 다르거나 분명한 견해가 없다면 다른 관리인을 찾아야 합니다.

둘째, 유대감과 신뢰가 있어야 합니다. 투자자는 개인 신상과 가족사와 같은 정보를 관리인과 공유하며 아주 가까운 관계를 형성하게 됩니다. 관리인이 제 역할을 다 하기 위해서는 고객의 정보를 보다 더 많이 알아야 합니다. 재무 정보는 물론이고 돈에 대한 감정, 꿈, 미래에 대한 포부 등도 알고 있어야 합니다. 만약 이런 정보를 공유하는 것이 불편한 사람이라면 다른 관리인을 선임하세요. 이밖에 추가적인 체크리스트는 다음과 같습니다.

자산 운용자로서의 전문성과 자질을 살펴야 합니다. 필수적이라고 할 수는 없지만 사회 인식적인 차원에서 공인 재무설계자격CFP, 공인재무분석CFA, 공인회계인증CPA 등과 같은 자격증의 획득 여부를 확인해야 합니다.

교육 상태도 중요합니다. 어떤 학교를 나왔는지, 교육 여하에 따라 지적 수준과 문제 해결 능력을 간접적으로 파악할 수 있습니다.

경험도 살펴보세요. 운용자가 과거에 어떤 경험을 했는지의 여부로, 운용자의 성공 가능성을 가늠할 수 있습니다. 초보자는 친절할지는 몰라도 위험한 면이 없지 않아 있습니다.

조직 구조를 들여다보십시오. 어떤 운용자는 1인 설립 회사의 직원이거나 몇몇 전문가들끼리 설립한 자본제휴 형태의 소규모 회사 소속이기도 합니다. 많은 임직원을 둔 대형 조직에

속한 투자자문 인력은 그리 많지 않은 게 현실이지요.

제공하는 서비스는 어떤가요? 어떤 자문 인력들은 개인 자산 관리를 포함한 다양한 서비스를 제공하는 반면 투자자산 관리에 대한 서비스만을 하기도 합니다. 투자 결정은 개인의 전체 재무 능력을 감안해 이뤄져야 하기 때문에 관리인과 함께 재무 계획을 수립하는 것이 바람직합니다.

고객 상황 및 수준을 체크하세요. 끝으로 투자 자문 인력에게 어떤 타입의 고객을 주로 상대하는지 물어볼 필요가 있습니다. 그가 주로 관리하는 고객 성향과 비슷해야 좋은 서비스를 받을 수 있습니다.

CHAPTER 2

자산배분을 결정하라
The Asset Allocation Decision

변동성이 수익률에 미치는 정도

투자 포트폴리오에 어떤 등급의 자산을 담아야 하는지 결정하는 데는 위험 요인에 대한 충분한 이해가 필요합니다. 월스트리트나 언론에서는 잠재적인 수익성에 대해 집중적으로 언급을 하면서도 수익성에 직접적으로 영향을 미치는 위험 요인에 대해서는 크게 신경 쓰지 않습니다. 리스크와 수익return의 관계를 제대로 이해하고 있는 것이 장기 투자에서 성공하는 현명한 방법입니다.

장기 투자자의 경우 포트폴리오에 편입할 두 가지 종류가 있습니다.

첫째는 주식equity입니다. 회사의 경영권이 달린 주식은 해당 회사가 경영을 잘해 좋은 실적을 낼 경우 주식 가격이 상승하게 됩니다. 회사는 또한 주식 비율에 따라 배당을 현금으로 지급하게 되며 때로는 그에 상당하는 주식을 주기도 합니다.

회사 주가에 영향을 미치는 요인은 매우 다양합니다. 일반적으로 주식투자는 다른 투자상품에 비해 더 높은 위험과 수익성을 보입니다.

둘째, 고정수익상품^{보통 채권}입니다. 차입자^{채권 발행자}는 정해진 기일에 이자를 지급하고 만기에 원금을 돌려줍니다. 일반적으로 채권은 주식투자 등에 비해 덜 위험하고 수익성이 낮은 것으로 인식됩니다.

투자 위험 요인에는 다음과 같은 항목들이 있습니다.

1) 신용위험^{credit risk} 주식 또는 채권을 매입한 회사의 신용도 변화에 따라 손실을 입을 수 있습니다.

2) 인플레이션 위험^{inflation risk} 포트폴리오의 실제 수익은 장부상의 명목 수익보다 적을 수 있습니다. 장기 투자에서 가장 큰 위험 요인입니다.

3) 만기 위험^{maturity risk} 채권 만기가 길수록 채권가격 변동으로 인한 채권가치 변화 가능성이 높아집니다.

4) 시장 위험market risk 이는 분산 불능 위험으로, 위험 요인 가운데 가장 큰 비중을 차지합니다. 전체 시장이 무너지면 투자 주식 가격 또한 같이 하락하는 것입니다.

이외에도 다른 위험 요인들이 많습니다. 이 모든 위험 요인에 공통적으로 적용되는 것은 바로 미래의 불확실성이지요.

금융시장에서 가장 보편적으로 사용되는 리스크 측정 방법은 표준편차를 이용한 방법입니다. 가령 연간 수익 평균치에서 얼마나 벗어나 있는지 그 정도를 측정하는 것입니다. 보통 정상적인 상황에서 전체 모집단의 약 3분의 2가량은 평균 표준편차 내에 포함하게 됩니다.

표준편차를 이용하여 위험도를 분석하는 방법에서 고려해야 할 것은 서로 다른 위험도와 수익 특성을 지니는 두 경우를 비교하는 것입니다. 예를 들어, A펀드의 연간 기대 수익률이 4%, 표준편차 2%라고 가정할 경우, 이 펀드의 약 3분의 2 이상의 자산은 2%와 6%(±2%) 사이의 수익률이 예상된다는 뜻입니다. 반대로 B펀드의 경우에는, 훨씬 높은 10% 기대 수익률이라 할지라도 표준편차가 20%라고 한다면 펀드 자산 3분의 2가량은 −10~30%의 수익률이 예상됩니다. 그만큼 변동성이 커진다는 뜻입니다.

만약 시장상황이 악화될 경우 A펀드는 기대수익률이 2%로 낮아지는 반면 B펀드의 경우 마이너스 수익률을 기록해 훨씬 심각한 상황에 직면하게 됩니다.

〈그림 2-1〉 변동성이 큰 포트폴리오와 변동성이 적은 포트

	그림 2-1 변동성과 수익률의 관계			
	낮은 변동성		높은 변동성	
투자기간 (년)	가치변화 10만 달러	연간 수익률	가치변화 10만 달러	연간 수익률
1	$110,000	10.0%	$134,000	34.0%
2	$115,500	5.0%	$121,940	-9.0%
3	$131,670	14.0%	$153,644	26.0%
4	$143,520	9.0%	$129,061	-16.0%
5	$162,178	13.0%	$169,070	31%
6	$165,421	2.0%	$167,380	-1.0%
7	$185,272	12.0%	$197,508	18.0%
8	$214,916	16.0%	$173,807	-12.0%
9	$227,811	6.0%	$210,306	21.0%
10	$257,426	13.0%	$227,313	8.0%
평균수익률		10.0%		10.0%
복리수익률		9.9%		8.5%
표준편차		4.5%		18.6%

폴리오의 비교치를 보여 줍니다. 각 포트폴리오는 동일하게 10%의 평균 수익률을 기록합니다. 그러나 변동성이 적은 경우에는 더 꾸준한 수익을 내는 반면, 변동성이 큰 경우에는 수익이 위 아래로 들쭉날쭉한 것을 볼 수 있습니다.

놀랍게도 낮은 변동성을 갖는 포트폴리오가 최종적으로 더 높은 수익을 낸다는 사실을 발견하게 되는군요. 최종 가치는 복리로 계산되기 때문입니다. 변동성이 미치는 정도는 시간이 지날수록 더 복잡해지고 표준편차를 더 많이 벗어나게 됩니다. 50% 손실이 난 포트폴리오가 원상 회복되기 위해서는 100%의 가치 상승이 이뤄져야 한다는 점을 기억해야 합니다. 반대로 8% 손실이 난 펀드는 8.7%만 만회하면 원상 복구가 됩니다.

위험과 수익의 연관성

월스트리트와 언론은 얼마든지 '공짜 점심(노력한 만큼 얻는다는 뜻으로 경제 용어로도 많이 쓰인다—옮긴이)'을 먹을 수 있으며 시장 가격 왜곡을 찾아낼 수 있다고 강조하지만 실제로는 그렇지 않습니다. 낮은 리스크와 높은 수익은 결코 있을 수 없습니다.

왜일까요? 어떤 투자가 내재돼 있는 위험보다 높은 수익률을 창출한다면 소문이 날 것이고 다른 사람들도 투자를 시도하려 할 것입니다. 이 추가적인 수요는 기대 수익률이 비슷한 위험을 갖고 있는 다른 투자에 상응하는 수준까지 주가를 끌어올릴 것입니다.

이것이 바로 자유시장의 이치입니다. 매일 거래되는 수십만 개의 주식 종목과 채권들이 끊임없이 새로운 정보가 반영되면서 조정됩니다. 장기 투자에 있어서 위험과 수익성 간의 관계는 1970년대 로저 이보슨Roger Ibbotons과 렉스 싱퀘필드Rex Sinquefield에 의해 명확하게 규명되었습니다. 이들의 역대 자본 시장의 수익률 분석은 자산 그룹을 어떻게 선택해야 하는지 설명해 주고 있습니다.

자산 그룹asset class은 공통적인 리스크와 수익률 특성을 갖고

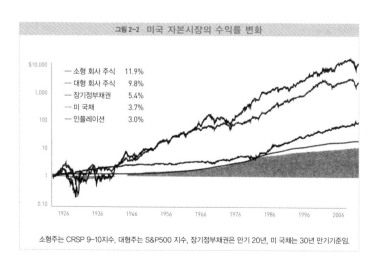

그림 2-2 미국 자본시장의 수익률 변화

소형주는 CRSP 9-10지수, 대형주는 S&P500 지수, 장기정부채권은 만기 20년, 미 국채는 30년 만기기준임.

있는 자산이 모인 그룹입니다. 〈그림 2-2〉는 이보슨과 싱퀘필드가 2009년에 발표한 보고서 내용입니다. 이 자료는 1926년 이후 1달러를 네 부류의 자산 그룹에 투자했을 때의 가치와 수익성의 변화를 보여 줍니다.

소형주와 대형주

위 그림의 성장 곡선은 위험과 수익이 어떻게 연관돼 있는지를 보여 주고 있습니다. 예를 들어 소형주는 대형주보다 더 위험하고 더 높은 수익을 기록합니다. 왜 그럴까요? 만약 여러분이 은행원으로서 소형 회사와 제너럴일렉트릭^{GE}과 같은 큰 회사에 대출을 고려하고 있다고 가정합시다. 둘 가운데 누구에게서 더 높은 이자를 받겠습니까? 당연히 위험도 높고 대출 부실의 가능성도 높은 소형 회사입니다.

주식투자도 이와 비슷합니다. 투자자들은 소형주에 투자해 보다 높은 수익률을 기대합니다. 이를 일컬어 규모 효과^{size effect}라고 하지요. 주식 수익률과 기업 규모 사이에 부(-)의 관계가 존재하는 현상을 말합니다. 규모가 작은 기업의 주식으로 구성된 포트폴리오가 규모가 큰 기업의 주식으로 구성된 포트폴리오보다 위험을 고려한 후에도 높은 수익률을 지속적으로 실현하는 효과입니다. 자유 시장경제에서 더 높은 수익률은 더 높은 리스크를 감수한 데 대한 보상이라고 할 수 있습니다.

하지만 소형주나 대형주 주식 모두 채권보다는 더 위험합니다. 〈그림 2-2〉에서 보듯이 어느 특정 기간에 국채의 수익률이 주식을 상회할 수 있습니다. 하지만 장기 투자자라면 단기성과 변동성을 눈여겨 봐야 합니다. 역대 수치와 투자 이론에서는 '리스크와 수익률간의 종속관계는 시간이 갈수록 더욱 확실해 진다'고 강조하고 있습니다.

가치주 vs 성장주

주식시장에서 또 다른 위험 요인은 바로 가치 효과^{value effect}입니다. 가치주는 장부가, 판매가 및 수익과 같은 회계상 가치보다 낮은 시장 가격을 형성합니다. 성장성이 낮고 미래에 대한 어두운 전망을 갖고 있는 회사의 경우에 그렇지요. 반대로 성장주는 수익성이 높고 성장 속도도 빠릅니다. 성장주는 회계상 가치보다 높은 주가를 보입니다.

이 책을 집필할 무렵에는 대형 은행주가 가치주로 평가되었습니다. 대형 은행들은 상당한 자산을 보유하고 있었으나 재무적으로 문제가 있었지요. 주식투자자들은 대형 은행의 높은 위험에도 불구하고 은행 투자를 통해 높은 수익률을 기대합니다.

〈그림2-3〉은 대형주와 가치주와 비교한 소형주의 역대 수익을 보여 줍니다. 1926년 이후 미국의 소형주는 대형주보다 높

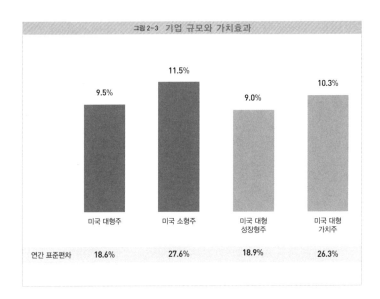

그림 2-3 기업 규모와 가치효과

	미국 대형주	미국 소형주	미국 대형 성장형주	미국 대형 가치주
	9.5%	11.5%	9.0%	10.3%
연간 표준편차	18.6%	27.6%	18.9%	26.3%

게 연간 2% 정도 저평가되었습니다. 또한 대형주는 1% 이상 성장주보다 높은 수익률을 기록했습니다.

〈그림 2-4〉는 주식 장기 투자의 수익을 유인하는 두 가지 요인을 보여 줍니다. 회사 규모와 가치가 그것입니다. 소형주와 가치주의 비중이 높을수록 자산 건전성이 더 높게 나타나고 결국 높은 수익률을 기록합니다.

이 도표를 활용해 총 주식투자 포트폴리오를 짜는 일은, 주식을 고르거나 유능한 PB를 고르거나, 또는 재무 자문 전문가를 고용하는 일과 뮤추얼펀드를 찾는 일보다 투자 수익을 결정

투자를 위한 마지막 정답

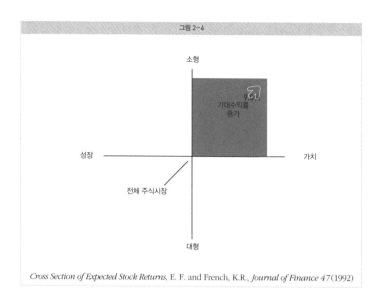

그림 2-4

Cross Section of Expected Stock Returns, E. F. and French, K.R., *Journal of Finance* 47(1992)

하는 데 훨씬 중요한 요소가 될 것입니다!

위험도가 높은 자산 그룹의 단기간의 변동성을 이겨 낸 장기 투자자는 시간이 갈수록 높은 수익을 거두게 됩니다. 위험은 수익과 연계돼 있다는 점을 기억합시다.

자 산 배 분 결 정

투자 성과를 결정하는 가장 중요한 요인은 무엇일까요? 월스트리트나 언론에서는 투자자에게 첫째, 주식을 매입하는 시점과 둘째, 좋은 주식과 채권 등 상품의 선택 셋째, 자문회사의 선택과 같은 문제가 성공 여부를 결정짓는다고 말하고 있습니다.

　하지만 그것은 틀렸습니다. 이 같은 요인은 분산 투자된 포트폴리오의 수익률에 부정적인 영향을 미칩니다. 이런 일들은 시간 낭비일 뿐이지요. 투자 수익을 결정 짓는 가장 중요한 요인은 투자자산 그룹의 위험도이며, 어떻게 하면 위험을 분산하는지가 중요합니다. 이를 자산배분이라고 일컫습니다. 자산 그룹의 분류는 다음과 같습니다.

고정 수익 자산 그룹

현금 및 그 등가물

단기 미국 정부 채권

단기 미국 지방 채권

우량 단기 회사채

우량 단기 글로벌 채권

주식 자산 그룹

미국 대형주

미국 대형 가치주

미국 소형주

미국 소형 가치주

국제 대형주

국제 대형 가치주

국제 소형주

국제 소형 가치주

신흥 시장주 ^{대형, 소형, 가치주}

부동산 주식 ^{국내, 해외}

투자자는 이 분류를 기준으로 하여 자신이 원하는 현금과 채권, 주식을 적절히 혼합하는 작업을 선행해야 합니다. 무엇보다도 중요한 것은, 투자 결정은 여러분이 스스로 해야 한다는 것입니다.

" 10월 달은 투기하기에
가장 위험한 달이다.
특별히 주식투자에 있어서는
더더욱 그러하다.
그 밖에 위험한 달은
7월, 1월, 9월, 4월, 11월, 5월, 3월,
6월, 12월, 8월 그리고 2월이다. "

―마크 트웨인

현금

현금 및 현금 등가물의 비율은 투자자가 얼마나 빨리 현금화를 원하는지에 따라 결정돼야 합니다. 미 국채, 은행 양도성 예금 증거Certificate of Deposit, 머니마켓펀드 등이 이에 해당됩니다.

채권과 주식

주식이 채권보다 더 위험하기 때문에 궁극적으로는 더 높은 수익을 제공해야 합니다. 채권은 포트폴리오의 변동성을 줄이는 상품으로 활용돼야겠지요. 따라서 신용도가 높은 우량 채권과 만기가 짧은 채권을 추천합니다. 채권을 포트폴리오에 포함시켜야 하는 데는 다음과 같은 두 가지 이유가 있습니다.

첫째, 위험에 대해 감정적으로 얼마나 참을 수 있는지 판단이 필요하다. 주식시장은 앞으로 20%에서 30%까지 폭락할 수 있습니다. 이 같은 단기 악재를 참아 내기는 쉽지 않습니다. 수많은 연구물들은 시장이 패닉 상태에 빠지면 투자자들은 거의 바닥 근처에서 주식을 팔고 나와 결국에는 손실을 보곤 한다고 보고하고 있습니다.

둘째, 나이를 고려하라. 젊은 투자자들은 주식 비중을 늘려도 상관없습니다. 젊은이들은 한동안 자금을 회수할 필요성이 거의 없기 때문입니다. 따라서 단기간의 시장 변동에도 감정 변화 없이 잘 버틸 수가 있습니다. 그러나 수입이 제한돼 있고 포트폴리오의 일부를 현금화해서 생활비로 사용해야 하는 퇴직자의 경우 주식의 비중을 줄여야 합니다.

〈그림2-5〉는 주식과 채권 비율이 다른 두 포트폴리오의 역대 수익과 위험관계를 보여 줍니다. 이 조사는 1973년 1월 1일부터 2009년 12월 31일까지 이뤄졌는데 그 기간 동안 모두 세 번의 최악의 시장 붕괴가 있었으며 한 번의 최대 호황을 경험했습니다.

그림 2-5 변동성과 수익률의 관계

	고정	방어적	보수적	중간	공격적	주식
주식	0%	20%	40%	60%	80%	100%
고정이익상품	100%	80%	60%	40%	20%	0%
연간 평균수익률(%)	7.2	8.8	10.2	11.5	12.5	13.3
연간 평균표준편차(%)	2.5	3.9	6.6	9.7	12.8	16.1
1달러 가치변화	$12.99	$22.73	$36.96	$55.95	$78.72	$102.46

CHAPTER 3

분산투자하라
The Diversification Decision

주식, 채권, 현금 등 일반적인 자산으로 구성된 금융상품 투자자는 특정 자산을 기초로 한 이종異種상품을 포트폴리오에 편입하는 것을 진지하게 검토할 필요가 있습니다. 대부분의 주식투자자들은 "계란을 한 바구니에 담지 말라"는 조언은 잘 알고 있으면서도 '효과적인 분산투자effective diversification'가 무엇인지는 잘 모르는 경우가 대부분입니다.

1990년 후반 IT산업의 거품[1]으로 우량 기업들의 주가가 대폭락한 것은 분산투자의 중요성을 잘 보여 주는 사례입니다.

---

[1] 1990년대 후반 미국은 연간 경제성장률 5~6%의 고성장가도를 달리면서 경기순환의 종언을 앞세운 새로운 경제론이 등장했다. 그러나 2001년 들어 경제성장률이 1% 미만으로 급락하면서 경기호조를 선도했던 IT기업들의 몰락으로 이어졌다. 과도한 설비투자와 수요급감이 문제였다. —옮긴이

당시 미국의 한 정보 기술 회사 고위 임원은 자신이 대량으로 보유하고 있는 회사 지분 외에 10여 개의 다른 정보 기술 회사 지분을 추가로 매입했습니다. 자신이 누구보다 잘 알고 있는 산업군 내에서 유망하다고 판단한 기업들의 지분을 사들여 분산투자의 효과를 보기 위한 조치였지요. 그러나 불행히도 정보 기술 주들이 동반 추락하면서 그는 막대한 손실을 입게 되었습니다. 정보 기술 관련 회사들은 대부분 비슷한 위험 요인을 갖고 있었기 때문입니다.

분산투자의 진정한 효과는 투자자가 각 투자자산 간의 상호 관계를 얼마나 잘 고려하는지에 달려 있다고 해도 과언이 아닙니다. 다시 말해 특정 자산은 가치가 하락해도 다른 자산은 하락하지 않거나, 아니면 상승할 수 있도록 포트폴리오를 짜는 것입니다. 동일 산업군의 기업들처럼 비슷한 위험 요인을 갖고 있는 회사들에 투자한 경우를 양성 상호 연관성positively correlated을 갖는다고 표현합니다. 반면 각 투자군의 가치 등락이 서로 상관없이 움직이는 경우에는 음성 상호 연관성negatively correlated이라고 말합니다.

〈그림 3-1〉은 음성 상호 연관성을 갖는 이종 자산의 혼합의 효과를 단적으로 보여주고 있습니다. A자산군은 B자산군과 다른 위험 특성과 수익성을 갖고 있습니다. 따라서 그 둘의 가격 추이는 서로 반대의 방향을 향합니다. AB선은 포트폴리오상에

그림 3-1 분산투자로 인한 변동성 축소

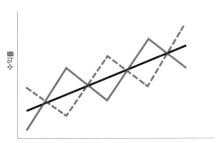

수익률

Time Period

시장이 위축되는 경우에는 분산투자로 수익을 보전하거나 손실을 줄일 수 없다. 위 표는 단순히 예를 들기 위한 표임.

서 A자산 군과 B자산 군을 동일하게 혼합해 둘로 나눈 중심선입니다. 혼합 포트폴리오는 A 또는 B 자산군만으로 구성된 경우보다 적은 표준편차를 갖게 됩니다. 즉, 가격 변동성의 위험을 줄일 수 있다는 뜻입니다.

이는 '현대 포트폴리오 이론modern portfolio theory'에서 가장 중요한 부분으로, 이 이론은 노벨 경제학상 수상자인 헤리 마르코위즈Harry Markowiz 2에 의해 1952년 도입됐습니다. 마코비츠는 원래 이 이론을 개별 주식투자에 적용했습니다. 그러나 이 이론은 포트폴리오 투자에도 동일하게 적용이 됩니다. 분산투자 이

---

2 Markowiz, H. 1952, Portfolio Selection, *Journal of Finance* 7, 77-91

론은 '개별 투자자산의 수익성보다는 포트폴리오 전체의 수익성에 집중하라'는 투자 원칙을 강조합니다. 이 원칙을 기억하고 특정 기간, 특정 투자 기업 주가의 등락에 일희일비하지 맙시다.

국내 주식투자

투자 포트폴리오에 과연 어떤 주식을 담아야 할까요? 이 문제는 투자 자문사나 증권사의 전문가와 상의가 필요합니다. 일반적인 경우, S&P500의 대형주 중심으로 구성될 것입니다. 아울러, 대형주와 함께 분산투자의 효과를 극대화할 수 있는 국내 종목을 편입해야 합니다. 우리는 우량 중소기업과 저평가된 가치주를 추천하고 싶습니다. 주식투자와 함께 부동산 신탁에 투자하는 것도 바람직합니다.

해외 주식투자

해외 투자의 경우에는 분산투자의 중요성이 더욱 큽니다. 그만큼 해외시장은 위험도가 높기 때문입니다. 상대적으로 해외투자는 국내 투자보다 분산투자의 기회가 더 많습니다. 더욱이 금융 기술과 정보 기술의 발달로 인해 전문적인 금융 투자자들은 전 세계 주식시장과 원자재 시장, 선물옵션 시장에 대한 정보를 실시간으로 파악하고 있습니다. 그들은 순식간에 수십 억 달러를 이동해 다른 시장에 투자하기도 하지요. 이에 따라 국제 투자의 예상 순익은 경쟁력 있는 국내 투자 회사와 맞먹는 수준입니다.

단기적으로는 해외 투자의 성과가 국내 투자와 사뭇 다를 수 있습니다. 왜냐하면 해당 국가 및 지역의 경제 사이클이 다르고 환율이 요동을 치며 상이한 회계·금융 정책을 적용하고 있기 때문입니다.

해외 투자 시 중소기업과 가치주, 신흥 시장 주식을 포트폴리오에 편입할 경우, 분산투자의 효과가 더 크게 나타납니다. 특히, 신흥 시장 주식투자는 더욱 의미가 있지요. 왜냐하면 주가가 글로벌 경제보다는 해당 지역 경제성장에 더 연동하기 때문입니다. 반대로, 네슬레^{Nestle}처럼 전 세계에 걸쳐 거점이 있는 다국적기업의 경우, 미국 등 전 세계의 경제 상황에 따라 주가가 변동을 할 것입니다.

국내 채권투자

채권과 같은 정액소득^{Fixed income}상품에 투자하는 것은 포트폴리오의 변동성을 줄이기 위함임을 기억합시다. 신용등급이 높고 만기가 짧은^{5년 미만} 채권투자가 효과적입니다. 이런 유형의 채권은 보다 안전하고 유동성이 높으며 변동성의 위험이 낮습니다.

해외 채권투자

해외 주식투자와 마찬가지로 해외 채권투자는 포트폴리오를 다양화하는 데 아주 좋은 상품입니다. 국내 채권투자와 마찬가지로 만기가 짧고 신용 등급이 높은 채권에 투자하기를 권유합니다. 해외 채권과 국내 채권을 혼합해 투자할 경우 국내 채권 수익률 상위 종목에 필적하는 좋은 수익을 올릴 수 있습니다.

자산분류를 활용하라

컴퓨터 프로그램 기술의 급속한 발전으로 인해 투자 회사들은 다양한 종류의 투자자산의 역대 리스크와 수익률을 파악할 수 있고, 주어진 위험도 내에서 최상의 기대 수익률을 산정할 수 있습니다. 〈그림 3-2〉를 보면 주식투자 비중이 높을수록 수익률과 위험도 모두 높아지는 것을 알 수 있습니다.

그림을 보면 100% 채권투자에서 주식투자 비중이 최대 20%까지, 주식 비중이 확대될수록 오히려 위험도가 줄어드는 것을 발견하게 됩니다. 이것이 바로 분산투자의 힘이지요. 포트폴리오 상에서 다른 상품과는 완벽한 조합을 이루지 못하는 위험도가 보다 높은 상품을 혼합해 분산투자의 효과를 거두는 것입니다. 얼마나 위험도가 높은 상품을 포트폴리오에 편입할 것인지는 여러분과 여러분의 투자 자문 회사의 결정에 달려 있습니다.

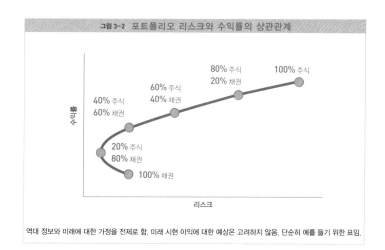

그림 3-2 포트폴리오 리스크와 수익률의 상관관계

100% 주식

80% 주식
20% 채권

60% 주식
40% 채권

40% 주식
60% 채권

20% 주식
80% 채권

100% 채권

수익률

리스크

역대 정보와 미래에 대한 가정을 전제로 함. 미래 시현 이익에 대한 예상은 고려하지 않음. 단순히 예를 들기 위한 표임.

CHAPTER 4

수동적으로 투자하라
The Active versus Passive Decision

능 동 적   투 자 관 리

능동적인 성향의 투자 전문가들은 다양한 방법을 통해 수익을 극대화하는 '비트 더 마켓Beat the market' 전략을 구사합니다. '비트 더 마켓 전략'이란 포트폴리오 위험에 상응하는 기대수익률보다 높은 투자 이익을 얻기 위한 전략을 말합니다. 반대로 수동적 투자자들은 주관적인 주가 예측을 기피하며, 대신 장기 투자를 선호하고 시장 변동에 따른 차익을 노립니다.

효율적 시장 가설Efficient Markets Hypothesis은 '우연인 경우를 제외하고 어떤 투자자도 장기간에 걸쳐 시장을 추월beat the market할 수는 없다'고 주장합니다. 현재의 주가는 이미 모든 정보를 반영하고 있기 때문에 아무리 새로운 정보를 캐내 투자를 해도

소위 말하는 '대박주'는 기대할 수 없다는 지적입니다. 효율적
시장 가설을 지지하는 집단은 투자 전문가인 워렌 버핏과 같은
주식 고수들의 투자 신화에 대해 "억세게 운이 좋으면 가능한
일"이라며 회의적인 시각을 보입니다. 능동적인 투자자들은
기준수익benchmark를 뛰어넘고 위험 조정 수익risk adjusted return 초과
달성을 통해 이 가설이 틀렸다는 사실을 검증하려고 노력을 기
울이고 있지요. 그러나 많은 지표들은 이러한 노력이 허사였음
을 보여 줍니다.

〈그림 4-1〉는 지난 5년간(2005~2009년) 능동적 성향의 전문
가들이 관리해 온 뮤추얼펀드들의 투자 성적표라 할 수 있습니
다. 이 도표는 대부분의 펀드들이 기준 수익률 달성에 실패했

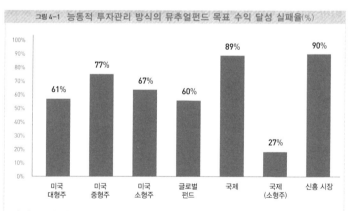

그림 4-1 능동적 투자관리 방식의 뮤추얼펀드 목표 수익 달성 실패율(%)

자료 | S&P 지수와 Active Funds scoreboard 비교치임(2010년3월30일기준) 미국 대형주(S&P 500지수), 미국
중형주(S&P Mid cap 400지수), 미국 소형주(S&PSmall cap지수), 글로벌펀드(S&P Global 1200지수), 국제(S&P 700
지수), 국제(소형주)(S&P 선진국지수-미국 소형주 지수), 신흥 시장(S&P IFCI 합성)

투자를 위한 마지막 정답

음을 여실히 보여 줍니다(만약 국제 소형주 투자자들이 신흥 시장에 포함된 지수와 제대로 비교가 됐다면 실패율은 70%에서 80%로 상승했을 것입니다).

능동적 투자자들은 시장의 다른 참여자들과 차별화된 포트폴리오 구성을 통해 기준 수익률을 뛰어넘으려고 노력합니다. 그들은 우수한 분석 기술 및 조사를 통해 목표를 달성할 수 있다고 여기지요. 또한 회계 자료나 경제 통계 자료와 같은 보다 심도 있는 자료를 활용하기도 합니다. 일부는 차트와 역대 가격 추이, 거래량 등과 같은 기술적 분석 작업을 통해 미래 가격 향배를 알아맞히려 노력합니다.

대부분의 능동적인 투자자들은 수익 초과 달성을 시도하는 과정에서 자신들이 보유하고 있는 특정 주식이 최고의 수익률을 기록해 다른 전략을 구사한 경쟁자들의 성과를 앞지를 것이라는 확신을 갖습니다. 물론 이런 시도가 성공하기 위해서는 분산투자가 필요하지요.

또한 이 같은 접근은 포트폴리오 내 목표 자산의 수익률을 확보하기 위한 적극적인 투자 전략 구사는 물론 포트폴리오 전체 구성도 어렵게 만듭니다. 능동적 투자자들의 실제 수익은 그들의 목표 수익률과는 차이가 많을 뿐 아니라, 그들의 포트폴리오는 다른 여러 자산군과 중첩된다는 연구 결과가 보고된 바 있습니다.

능동적 투자자들이 구사하는 전략에는 크게 두 가지로, 투자 타이밍 전략market timing과 주식 선별 매수stock picking가 있습니다.

투자 타이밍 전략은 투자의 최적기를 파악하려는 방법으로 기술적 분석이 활용됩니다. 이 방법은 증권이 저평가되거나 고평가되는 시기를 알 수 있다는 전제하에, 강세 시장에서는 리스크β계수가 큰 종목을 선택하고 약세 시장에서는 위험이 작은 종목을 택하게 됩니다.

그러나 미래를 예견할 수는 없기 때문에 투자 타이밍 전략은 대체로 손실을 기록하기 마련이지요.

매수 시점을 찾아 수익을 내는 이 기법이 난해한 이유는 또 있습니다. 짧은 거래 기간에 대량의 이득이나 손해를 기록하게 된다는 것입니다. 〈그림 4-2〉는 투자자가 최상의 수익을 낼 수 있는 거래 기간을 놓치게 되면 상당한 비중의 손실을 입게 된다는 사실을 잘 보여 주고 있습니다. 미래 주식 매수·매수의 최적 시점을 예측한다는 것은 불가능하다는 것이 우리의 신념입니다.

주식 선별 매수는 내재 가치와 시장 가격 사이에 차이가 있는 증권을 찾아내 저평가된 증권은 매입하고 과대평가된 증권은 매각하는 방법입니다. 현재 상황에서 가격이 왜곡돼 있으나 저평가돼 있다는 의미 머지않아 실제 가치를 반영해 가격이 상승해 고수익을 창출할 수 있다고 예상을 하는 것이지요. 월스트리트의 능동적인 투자 전문가들은 주식은 저평가돼 있거나 고평가돼 있거나, 또는 정상 가격이라는 세 가지 형태로 존재한다고 말합니다.

누구든지 주식을 사고 팔 때 늘 확정되지 않은 자신의 추측을 기반으로 한다는 사실을 잊지 말아야 합니다. 또한 여러분보다 정보가 훨씬 많은 사람들과 반대 방향의 거래를 하고 있다는 것입니다. 시장이 정상적으로 작동한다고 가정했을 때 알려진 모든 정보는 이미 시장 가격에 반영돼 있으며, 따라서 여러분의 추측이 수익을 낼 확률은 50% 정도라는 점입니다(거래 비용을 감안하면 이보다 더 낮아집니다).

월스트리트나 언론들은 우리가 좀 더 똑똑하고 좀 더 열심히

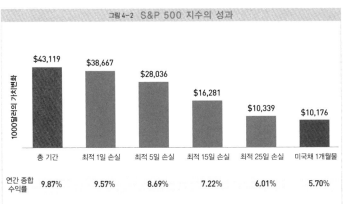

그림 4-2 S&P 500 지수의 성과

	총 기간	최적 1일 손실	최적 5일 손실	최적 15일 손실	최적 25일 손실	미국채 1개월물
1000달러의 가치변화	$43,119	$38,667	$28,036	$16,281	$10,339	$10,176
연간 종합 수익률	9.87%	9.57%	8.69%	7.22%	6.01%	5.70%

1970년 1월 1일~2009년 12월 31일, CRSP(Center for Research in Security Prices, University of Chicago) 자료임. 2008년 9월~2009년 12월 자료는 블룸버그가 제공함. Treasury bills data ⓒStocks, Bonds, Bills, and Inflation Yearbook(Ibbotson Associates, Chicago). 상위 실적은 실제 포트폴리오 관리 비용은 포함되지 않음.

노력하기만 하면 시장에서 수익을 낼 수 있다는 믿음을 갖게 하지요. 하지만 최근에 이뤄진 기술의 발전으로 새로운 정보들은 시장 참여자들이 실시간으로 공유할 수 있으며, 주가에 바로 반영이 됩니다. 다른 투자자들의 희생을 대가로 수익을 낼 수 있는 사람은 아무도 없습니다. 그렇기 때문에 시장은 작동하는 것입니다.

학계는 효율적 시장 가설Efficient Markets Hypothesis 3과 같은 이론을 통해 주가가 투자자의 모든 이용 가능한 정보와 기대치를 반영하고 있다고 주장해 왔습니다.

효율적 시장 가설 이론은 시장 가격이 늘 기업 가치를 정확하게 반영하고 있다는 뜻으로 오역되기 쉽습니다. 그러나 반드시 그렇지만은 않습니다. 올바르게 작동하는 시장에서도 한동안 주가가 부풀려지거나 저평가되기도 하며, 주가는 예상치 못하게 자유자재로 움직이기 마련입니다.

이직도 워렌 버핏을 찾고 있다니!

아직까지도 많은 투자자들은 보다 영리하고 근면하며 재능 있는 운용 인력을 만나기만 하면 초과 수익을 낼 수 있다는 믿

---

3 Fama ,E.F., 1965(Professor of the University of Chicago Booth school of Business, "The behavior of Stock-Market Prices, "*The Journal of Business*, Vol.38,No.1, pp-105

음을 갖고 있습니다. 톱 매니저는 쉽게 찾을 수 있지요. 그들은 언론에서 '천재'로 대변됩니다. 하지만 그들이 좋은 성과를 내기 전에 어떻게 그들이 미래의 유망 매니저가 되리라는 것을 알겠습니까?

누가 능력 있는 펀드매니저인지 확인하는 가장 좋은 방법은 과거 실적을 들춰 보는 것입니다. 과거 실적은 미래 실적을 의미한다는 이론에 바탕을 두고 있습니다. 《포브스》와 같은 경제지들은 펀드매니저들의 실적에 따라 등수를 매기는 '모닝스타 Morningstar'와 같은 서비스를 통해 신문 판매고를 늘리고 있습니다. 뮤추얼펀드들도 자신들의 펀드 가운데 최고의 수익을 낸 '핫펀드' Hot funds 를 홍보함으로써 새 투자자들의 자금을 끌어들이는 데 활용하고 있지요. 하지만 이런 노력에도 불구하고 펀드매니저들의 과거 실적이 미래 실적과 연결된다는 어떠한 증거도 없습니다.

수 동 적 투 자 관 리

능동적 투자관리 방식에 비해 보다 합리적인 투자관리 방식이 수동적 투자관리라고 할 수 있습니다. 이 방법은 시장은 효율적이어서 이길 수가 없다는 전제하에 자산 집단 asset class 또는 특정 투자군 sector of the market 에 투자해 수익을 추구합니다. 수동적인 투자자들은 목표 자산 집단의 상당 비중을 매수하는 전략을 택합니다.

가장 널리 알려진 수동적 투자관리 기법은 지수^{Indexing} 투자입니다. 지수에 따라 정확하게 비율을 정해 BM지수^{Benchmark Index}에 속한 주식 대부분을 포괄적으로 구매합니다. 그런 다음 펀드매니저는 BM지수 변동을 따라가게 됩니다. 가장 흔히 사용되는 BM지수는 미국 500개의 대형주로 구성된 S&P500[4]입니다. 이들 500개 기업의 시가 총액은 미국 전체 기업의 70%에 해당되지요.

현금 보유량 확대

능동적 투자관리 방식에서는 차기 투자 최적 기회에 곧바로 자금을 투자하기 위해 보다 많은 현금을 보유하려는 경향을 보입니다. 일반적으로 단기 현금 투자의 회수 이익은 주식과 같은 위험 자산 투자 이익보다 훨씬 적습니다. 따라서 현금 보유량이 많아지면 능동적 투자 매니저의 수익이 줄어드는 결과를 초래할 수 있지요. 반면 수동적 투자 패턴에서는 투자 자금 규모가 더 커지며 개별 투자자의 자금이 주식에 투자된 시간이 더 길어집니다.

---

4 한국의 경우 코스피200이 대표적인 BM지수이다.

일관성 유지

수동적 투자의 또 다른 장점은 마치 블록 쌓듯 펀드 개별 투자자와 펀드매니저가 목표 자산군 내에서 투자 기업을 골라 포트폴리오를 짤 수 있다는 점입니다. 이 작업이 잘됐을 경우 비슷한 주식은 거의 없게 되며 각 투자자

세상에는
두 종류의
예측 전문가가 있다.
그냥 모르는 사람과
자신이 모른다는 것조차
모르는 사람이다.

—존 케네스 갤브레이스

산의 위험과 수익 구조는 매우 독특하게 구성됩니다.

가끔 능동적 투자자들은 목표 수익률을 달성하기 위해 자신의 투자 스타일을 변경하곤 합니다. 예를 들어, 대형주를 선호하는 투자자가 성장주가 앞으로 전망이 밝다고 판단할 경우 갑자기 대형 성장주에 투자하는 식입니다. 이 같은 식의 스타일 변경은 문제가 될 수 있습니다. 특히, 이미 포트폴리오에 대형 성장주가 포함돼 있다면 더욱 그렇습니다. 이 경우 중복 위험과 분산투자를 하지 못한 데 따른 위험에 처하게 되지요. 능동적 투자관리 방식의 포트폴리오 구성은 자칫 분산투자의 결정을 해칠 수 있습니다.

비용문제

능동적 투자자들의 실적 저조에 대해서는 노벨상 수상자인 스탠포드대 월리엄 샤프 William Sharpe 교수가 그 이론적인 배경을 제공하고 있습니다. 그는 전체적으로 능동적 투자자들은 언제나 수동적 투자자들보다 낮은 실적을 거둬야 한다고 지적했습니다. 왜냐하면 대부분의 투자자는 시장 평균 수익률 이상을 가져갈 수 없기 때문이라는 것입니다. 능동적 투자자들의 비용이 더 높기 때문에(일반적으로 능동적 투자 매니저들이 더 높은 거래수수료와 리서치 비용을 받는다) 비용을 제외한 능동적 투자자들의 수익은 수동적 투자 매니저보다 낮아야 한다고 지적합니다. 이 같은 주장은 모든 자산군에 동일하게 적용됩니다. 능동적 투자 매니저들은 정보 획득이 쉽지 않은 소형주와 신흥 시장 주식투자에서 유리한 고지를 점령하고 있다고 여기지요. 하지만 대형주에 비해 수익성이 낮은 소형주나 신흥 시장 주식투자에도 샤프 교수의 지적은 공통적으로 적용됩니다. 샤프 교수의 연구는 능동적 투자자들의 높은 비용요인 때문에 그들의 실적은 사회적 통념과는 반대로 낮아야 한다는 점을 강조하고 있습니다.

능동적 투자자들의 비용 구조는 몇 가지로 분류됩니다.

첫째, 높은 임금입니다. 대박 투자 기회를 포착하기 위해 몸값이 비싼 리서치 애널리스트, 기술자, 경제학자 등을 고용해야 합니다. 또한 자산가를 끌어들이기 위한 펀드 마케팅 비용과 브로커가 펀드를 판매하기 위한 비용이 발생합니다. 능동적 투자자와 수동적 투자자 간 비용 차이는 연 기준 1%가 넘습니다.

둘째, 주식 거래가 잦습니다. 능동적 투자 방식에서는 높은 수익을 올리기 위해 수동적 투자자들보다 더 자주, 더 공격적으로 매매를 합니다. 이에 따라 거래 수수료가 더 많아지고 결국 지분 투자자의 수익을 갉아먹지요. 시장충격비용market-impact cost 또한 급격히 증가합니다. 능동적 투자 매니저가 주식을 신속히 또는 대량으로 매매할 경우 대금 전액을 지불해야 합니다. 시장 충격 비용은 소형주나 신흥 시장의 주식 거래가 더욱 높아집니다. 능동적 투자자의 거래 횟수가 수동적 투자 방식보다 4배 또는 그 이상 많은 것이 현실입니다.

셋째, 더 많은 세금을 내야 합니다. 능동적 투자 방식으로 거래가 늘어날수록 세금 납부 의무가 있는 투자자들의 자본 이득은 늘어나게 됩니다. 여러분이 가입한 뮤추얼펀드가 주식을 팔아 차액을 남겼을 경우, 그 차액은 세금 고지 대상이 된다는 것을 기억해야 합니다. 1년 이상 보유한 주식은 장기 보유세 대상이며, 1년 이하의 경우에는 단기 보유세 대상이 됩니다(우리나라는 아직 주식 차익 과세가 적용이 안 되고 있다―옮긴이).

이 세 가지 비용은 모두 투자자가 부담하는 운용 인력 관련

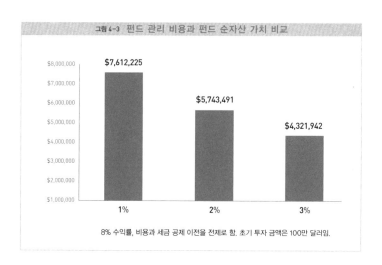

$7,612,225

$5,743,491

$4,321,942

| $8,000,000 |
| $7,000,000 |
| $6,000,000 |
| $5,000,000 |
| $4,000,000 |
| $3,000,000 |
| $2,000,000 |
| $1,000,000 |

1%　　2%　　3%

8% 수익률, 비용과 세금 공제 이전을 전제로 함. 초기 투자 금액은 100만 달러임.

비용이라는 점을 알아야 합니다. 이 비용들은 뮤추얼펀드의 경우 순자산 가치에 반영되며 펀드 운용 비용이라고 표현됩니다. 능동적으로 운영되는 출자 펀드 equity fund의 경우 평균 운용 비용 비율이 연간 약 1.3% 정도에 달합니다. 반면 수동적 펀드의 경우 0.5% 미만입니다.

　만약 능동적 투자관리 회사의 추가 비용이 연간 2~3%에 달한다면 운용 인력은 인덱스펀드처럼 수동적 투자 방식의 실적에 맞먹는 높은 성과를 내야 하는 부담감을 갖게 될 것입니다.

　〈그림 4-3〉은 연간 펀드 관리 비용 변동에 따른 자산가치의 변화를 보여 줍니다. 초기 납입액 100만 달러의 펀드가 연간 8%의 성장률을 기록해 30년 후의 가치가 관리 비용 수준에 따

라 어떻게 달라지는지를 나타내는 것이지요. 가령 1%의 투자 관리 비용이 적용될 경우 30년 후 펀드의 가치는 7,612만 달러에 달하는 반면 3%의 수수료를 적용하면 4,322만 달러로 떨어집니다.

CHAPTER 5

자산의 배분 비율 조정을 결정하라
The Rebalancing Decision

목표 자산 집단의 주식을 다수로 포트폴리오에 편입하는 방식의 수동적 투자 방식을 채택한 경우, 일정 기간이 지난 후에는 포트폴리오 구성의 미세 조정을 실시하는 것이 바람직합니다. 이 같은 조정은 자의적인 시장 예측에 의한 것이 아니라, 최초 자산 집단의 비율에 근거해 당초 목표에 부합하는 선상에서 이뤄져야 합니다. 이 작업을 자산배분 비율 조정 rebalancing 이라고 합니다.

예를 들어, 주식시장이 강한 상승장을 이어 가며 수익을 내고 있다면 주식과 채권의 60대 40의 비율을 70대 30으로 조정할 수 있습니다. 주식시장이 최고점에 달했는데도 여러분의 포트폴리오만 더 높은 위험에 처할 수도 있습니다. 이럴 경우 다시 60대 40의 비율로 재조정함으로써 원하는 수준의 위험과 기대 수익을 실현할 수 있습니다.

이 경우에서 신규로 자금을 포트폴리오에 투입해 고정 이익 _{Fixed Income. 일반적으로 채권을 의미}에 투자하고 주식에서 자금을 빼거나, 아니면 주식을 팔고 그 현금으로 채권에 투자해 60대 40 비율을 맞출 수 있습니다.

심리학적으로 자산배분 비율 조정은 직관에 반대되는 작업이며 많은 투자자들이 어렵게 생각하는 부분입니다. 아마 여러분은 펀드매니저에게 "최고의 수익을 안겨 준 주식을 내다 팔고 1년 동안 꼼짝도 않는 별볼일 없는 주식을 더 매집하라는 말이냐"며 반문할 수도 있습니다. 우리가 이렇게 생각하는 이유는 우리의 직관이 시장의 추세를 따르도록 하기 때문입니다. 사람들은 최근까지 실적이 좋은 주식을 더 사기를 원하고 그렇지 않은 주식은 내다 팔려고 합니다. 이 같은 판단은 신규 주식을 더 비싸게 매입하고 보유하고 있던 주식은 낮은 가격에 파는 우를 범하게 합니다. 실제로는 이 반대로 해야 하는데 말이지요. 자산배분 비율 조정 작업은 낮은 가격에 사고 높은 가격에 팔기 위한 자동 장치입니다.

자산의 배분 비율 조정을 결정하라

자산배분 비율 조정의 몇 가지 방법

일부 전문가들은 정해진 시기마다 비율 조정을 권고합니다. 가령 매 분기마다 정해진 시간에 재조정하는 식입니다. 또 다른 방법은 일정 기간에 포트폴리오를 점검해 하나 또는 서너 개 종목이 목표 수익을 추가하는 데 있어 운용 전략에서 벗어나 있는 경우 조정을 하는 것입니다.

특정 계좌의 종목을 선별적으로 조정하는 것도 좋은 방법입니다. 가령, 차익 거래로 인해 발생한 세금의 지급이 지연된 계좌 등이 그것입니다. 그러나 담당 펀드 운용 인력이 선호하는 방법을 따르는 것이 좋습니다.

자산배분 비율 조정의 효과

당초 선택한 위험 수준의 목표 자산배분 비율에 맞게 조정해야 효과를 볼 수 있습니다. 감내할 수 있는 범위 내에서의 위험 수준과 투자 기간 외에 다른 주요 요인들을 고려해 신중하게 선택해야 합니다. 시장 변동이 포트폴리오 위험 수위에 영향을 끼치는 것을 좋아할 사람은 아무도 없습니다.

누구든 이 같은 변동 요인을 스스로 제어하고 싶어하며 자신이 만든 장기 재무 계획에 의해서만 자산배분 비율을 변경하고 싶어합니다. 가령, 대부분의 투자자들은 나이를 먹으면서 주식 비중을 줄이면서 자신의 포트폴리오 위험을 낮추려 합니다. 또한 자산배분 비율 조정 작업은 예상치 못한 시장 변동이나 정상적인 시장 상황을 잘 관리함에 따라 효과를 발휘합니다.

예컨대, 투자자산 그룹의 상승장은 하락장 이후 바로 찾아오곤 합니다. 특정 자산 그룹의 비중이 목표 비중을 초과했을 때, 시스템적으로 팔고 반대로 목표 비중을 하회할 때 매수함으로써 원하는 목표를 달성하게 됩니다.

이 같은 노력이 실제로 어떻게 작용하는지 살펴보기로 합시다. 〈그림 5-1〉는 목표 자산배분 비율을 정해 놓고 다음과 같은 자산 그룹에 1990년부터 2009년까지 투자해 얻은 수익률을 그래프로 나타낸 것입니다.

15% 미국 대형 성장주

15% 미국 대형 가치주

10% 미국 소형 성장주

10% 미국 소형 가치주

10% 국제 대형 성장주

10% 국제 대형 가치주

30% 장기 정부채권

그래프 가운데 하나는 투자 기간 동안 매년 자산배분 비율을 조정한 것이며 나머지 하나는 한 번도 조정 작업을 하지 않은 것입니다. 예상대로 조정이 이뤄진 포트폴리오가 그렇지 않은 것보다 변동성이 적다는 것을 알 수 있습니다. 조정된 포트폴리오는 당초 목표치대로 자산을 재배분해 유지돼 온 반면, 포트폴리오 조정이 이뤄지지 않은 펀드는 위험도가 더 높은 자산 그룹의 비중이 증가했기 때문입니다.

자산배분 비율 조정이 이뤄진 포트폴리오가 그렇지 않은 경우에 비해 연간 수익률이 0.88% 더 높다는 놀라운 사실을 발견하게 됩니다. 하지만 그림 〈5-1〉에서 보듯이 이는 그렇게 중요한 차이가 아닙니다. 그렇다면 더 높은 수익을 낸 비결은 과연 무엇일까요? 그것은 바로 재조정된 포트폴리오는 장이 무너졌을 때도 하락폭이 적었기 때문입니다. 목표로 하는 자산 비율을 준수하면서 하락폭이 컸던 종목의 편입이 그만큼 줄어든 것이 비결입니다(자산배분 비율 조정은 주로 운용사에 의해 이루어진다. 그 결과는 금융기관 PB들에게 공지가 되고, 투자자들에게는 한 달 후에 우편이나 이메일로 배달된다. 자산배분 비율을 감시하고 관여하고 그 사유를 고객에게 알려주는 것은 PB인데, 간혹 수수료가 높은 시책상품으로 재조정하는 경우도 많다―옮긴이).

그림 5-1 1달러의 성장

	자산배분 비율 재조정된 펀드	조정 이뤄지지 않은 펀드
연간 수익률	8.89%	8.01%
표준편차	11.99%	12.39%
총 수익률	449.23%	366.62%

이 가설이 모든 투자자들에게 적용되는 것은 아님. 수수료와 각종 펀드운용비용을 제외한 펀드 수익률만을 표시함. 배당
이나 자본이득이 재투자 된다는 가정임.

결론

Conclusions

THE
INVESTMENT
ANSWER

CHAPTER 6

S&P500, 좋은 지수 아니다
Compared to What?

모든 투자자들은 자신의 투자가 잘된 것인지 현재 수익을 얼마나 내고 있는지 알고 싶어 합니다. 그러나 불행히도 월스트리트나 전문 경제지조차도 투자 현황을 객관적으로 알려줄 도구나 시스템이 없습니다. 그래서 결국에는 친구나 주변인들 또는 언론사 리포트 등에 의지하곤 합니다.

여기에 바른 길이 있습니다.

미국 주식시장 투자자들에게 가장 보편적으로 사용되는 기준지표는 S&P500입니다. S&P500은 미국 전체 시가 총액의 약 70%를 차지하지만 '국내 대형주'라는 특정 투자 그룹에 불과하지요. S&P500은 다양한 위험 요인을 갖고 있는 포트폴리오 소유자들의 기준 지표로 활용됩니다.

예를 들어 수많은 자산 그룹으로 구성된 균형 잡힌 포트폴리오의 경우 S&P500보다 다양한 위험 요인과 수익성 요인을 갖고 있습니다. 위험과 수익성은 연관돼 있지요. 흥미로운 것은 S&P500의 장기 예상 수익률은 소형주나 가치주와 같은 다른 그룹의 주식보다 낮다는 것입니다.

결국 S&P500의 대형 회사들은 가장 안전한 주식으로 여겨집니다. 그 주식들은 더 낮은 예상 수익률을 내는 종목으로 가격이 매겨져야 합니다. 이것은 포트폴리오가 국내 대형 회사 주식만을 포함할 경우 S&P500 지수가 가장 좋은 기준 수익률benchmark 지표가 된다는 것을 의미합니다.

그러나 보통 포트폴리오를 구성할 때 다양한 그룹의 자산들이 섞여 있기 때문에 S&P500은 좋은 기준 수익률 지표가 아닙니다. 그렇다면 아주 다양한 그룹을 포함하는 분산된 포트폴리오라면 어떤 벤치마크를 사용하는 것이 좋을까요?

담당 펀드매니저는 포트폴리오 내 각 투자자산 그룹에 적합한 벤치마크를 최소한 1개 이상 찾아내야 합니다. 적합한 벤치마크는 목표 자산 그룹과 비슷한 위험 요인을 갖고 있어야 합니다. 또한 벤치마크는 비교 대상의 투자자산 그룹과 동일한 크기와 가치 특성을 지녀야 합니다. 만약 채권투자의 경우라면 벤치마크의 평균 만기가 같아야 하고 신용 등급이 동일해야 합니다.

능력 있는 펀드 운용 인력이라면 고객의 전체 포트폴리오의 위험도를 산정할 수 있어야 합니다. 비교 가능한 포트폴리오나 지수 또는 적절한 벤치마크와 비교함으로써 객관적인 성과 측정을 위한 기본 토대를 마련하게 됩니다.

다시 강조하지만 포트폴리오 전체를 감안했을 때 성과가 나는 것이 중요합니다.

CHAPTER 7

다른 대안투자는 무엇이 있을까?

What about Alternatives?

최근 해지펀드 Hedge fund 나 사모펀드 private equity fund , 상품 commodity 과 같은 비전통적인 방식의 투자 방식을 자주 접하게 됩니다. 이런 투자는 이 책에서 추천한 전통적인 자산 투자와는 어떻게 다를까요? 포트폴리오에 대체투자상품을 포함시켜야 하는 것 일까요?

대체투자 상품의 위험 요인

장기투자 포트폴리오에 대체투자상품을 포함시킬 때 늘 끊이지 않는 논란은 그들이 진정한 다양화 인자 factor 인가 라는 것입니다. 대체투자상품은 대체로 높은 수익률을 보이며 기존 투자상품과 낮은 연관성을 갖습니다. 대체투자가 기존의 전통적인 투자와 연관성이 높지 않다는 점은 사실이지만, 그 이유만으로 포트폴리오에 포함시키는 것은 충분치 않습니다. 예를 들어 슈퍼볼 승부 내기는 주식시장 수익성과 아무런 관련이 없습니다. 그러나 슈퍼볼이 주식과 연관성이 없다고 해서 스포츠를 투자 포트폴리오에 편입해야 한다는 것을 의미하지 않는 것과 같습니다.

대체투자가 전통적인 투자 방식에 비해 높은 수익을 창출한다는 증거는 거의 없습니다. 대체투자상품에 투자한 많은 투자자들과 심지어는 펀드 매니저들 또한 그 위험성을 잘 모르고 있습니다.

대체투자는 다음 항목 가운데 하나 또는 그 이상의 증가된 위험 요인을 갖고 있습니다.

- 과도한 차입금의 사용
- 집중적인 투기 성향
- 과도한 매매 거래량
- 주관적인 예상

문턱 높인 차별화가 높은 수익을 보장하는 것은 아니다

해지펀드나 사모펀드와 같은 대체투자는 투자자들의 최소 투자 금액이 매우 커 일반적인 소액 투자자들은 참여가 힘든 면이 있습니다. 이 같은 차별성은 일반인들에게 신비감을 갖게 하고 매력을 느끼게 합니다. 어떤 중개 회사들은 '모태펀드Fund of fund'라고 불리는 프로그램을 통해 소액 투자자들의 적은 돈을 모아 소액으로는 투자가 불가능한 대체투자에 참여하도록 하기도 합니다. 당연히 중개 회사는 이 같은 특권을 통해 추가적인 수수료 수입을 올리지요. 모태펀드는 그들이 투자한 회사에서 목표수익을 하회하는 낮은 수익에 그친다는 사실을 여러 자료를 통해 알 수 있습니다.[5]

투자 기회를 잡기가 어렵다고 해서, 그것이 반드시 좋은 투자이고 적합한 투자를 의미하는 것은 아니라는 사실을 강조하고 싶습니다. 모태펀드에 투자하기 전에 충분히 생각하고 결정하세요.

대체투자상품에 대해 좀 더 알아보겠습니다.

해 지 펀 드

해지펀드는 투자 대상이나 거래 전략 등이 매우 다양합니다. 예를 들어, 글로벌 거시경제 흐름이나 부실채권, 외환 변동, 상품, 회사 합병과 공매 등에도 투자가 가능합니다. 이 같은 전략

---

5 참고자료: Kat and Amin(2001), Amin and Kat(2002), Ackermann, Mc Enally and Ravenscraft(1999), Lhabitant and Learned(2002), Brown, Goetzmann and Liang(2004), Capocci and Hubner(2004), and Fung andHsieh(2004)

은 위험과 수익성 간에 나름대로의 독특한 관계를 갖고 있습니다. 바로 이런 이유 때문에 해지펀드를 투자 대상에 포함시키지 않습니다. 해지펀드의 가장 대표적인 세 가지 특징은 다음과 같습니다.

1. 운용 인력의 보상 수수료가 너무 높다(보통 투자자산의 1.5%, 요구 수익률 이상의 초과 수익 20%)
2. 수익을 극대화하기 위한 투자 대상 자산을 담보로 한 차입
3. 낮은 유동성

우리는 종종 해지펀드 운용자가 수십억 달러를 벌고 투자자들에게 상상을 초월하는 높은 수익을 돌려줬다는 이야기를 접하곤 합니다. 그러나 과도한 위험과 높은 수수료는 엄청난 손실을 초래할 수 있습니다. 최근 들어서는 유명 해지펀드 내부의 파열음을 자주 듣기도 합니다.

매년 수천 개의 해지펀드가 문을 열었다가 없어지면서 해지펀드의 경쟁적인 구도는 급격히 변화하고 있습니다. 예컨대 대체투자 전문 조사 기관인 팬션&인베스트먼트pensions & investments에 따르면 2009년 784개의 신규 펀드가 설립된 반면 1,023개의 기존 펀드가 폐업했습니다. 더욱 놀라운 것은 해지펀드의 중간 수명이 단지 31개월에 불과하다는 것입니다. 해지펀드의

15%만이 6개월 이상을 버텼고, 60%는 3년 안에 사라졌습니다.

해지펀드의 역대 수익률을 파악하기란 쉽지 않습니다. 왜냐하면, 각 펀드의 수익률 관련 자료가 많은 문제점을 드러내고 있기 때문입니다. 운용사들은 자신들이 원할 경우에만 수익률 정보를 공개할 수 있으며 실적이 좋지 않은 자료들은 폐기되거나 은폐되기도 합니다. 이 같은 결번을 감추려는 시도 자체가 공표된 해지펀드의 수익이 실제 수익보다 훨씬 낮다는 것을 반증하는 것입니다.

들쭉날쭉한 해지펀드의 실적은 능동적 투자자들과 비슷한 면이 있습니다. 1년 평균 이상의 수익을 기록한 해지펀드가 그다음 해에도 동일한 수익을 낼 확률은 50%에 지나지 않습니다.

해지펀드는 뮤추얼펀드와 같은 기존의 전통적인 투자 방식과 비교하여 1) 운용 비용이 비싸고 2) 분산투자가 잘되지 않으며 3) 차입금이 과도하고 4) 유동성이 낮은 문제점을 갖고 있다고 이해하면 되겠습니다.

사 모 펀 드 (벤처캐피탈 포함)

사모펀드는 주식투자 비중이 매우 적고 부채를 많이 사용하면서 주로 비상장 회사에 투자하는 것이 특징입니다. 사모펀드의 대표적인 두 가지 투자 전략은 차입매수 Leveraged Buyout 와 벤처투자입니다.

성공적인 사모펀드는 출자자로서 회사 경영에 직접적으로 관여하면서 회사의 성장과 효율성 제고에 노력합니다. 목표는 당초 투자 대금 대비 수십 배의 가치로 투자 회사를 매각하는 것이지요. 보통 상장IPO, 제3의 회사에 매각, 자본 재구성recapitalization 등을 통해 투자 원금을 회수합니다. 일반적으로 투자에서 원금회수까지 5~6년의 기간이 걸립니다. 따라서 펀드 투자자가 단기간에 원금을 회수하는 데 제한이 있습니다. 최대 펀드 총액의 2%와 초과 이익 수당 20%가 사모펀드 운용 인력에게 돌아갑니다.

벤처캐피탈의 운용 인력들은 상대적으로 낮은 보수 체계를 갖고 있으며, 투자금의 현금화도 쉽습니다. 그러나 벤처캐피탈은 회사 설립 초기의 불안정한 상태에서 투자가 이뤄지기 때문에 더 높은 위험도를 보이기도 하며 보유 자산이 충분치 않아 수익을 극대화하기 위한 부채 사용이 쉽지 않습니다.

해지펀드와 마찬가지로 사모펀드의 실적도 평가하기란 쉽지 않습니다. 실적 발표는 전적으로 펀드매니저들의 의지에 달려 있기 때문이지요. 학계에서도 사모펀드 업계의 부풀려진 실적 발표에 대해 두 가지 우려를 표명하고 있습니다. 기존 투자자산에 대한 과도한 가치평가와 우량 실적 펀드[6]에 대한 편견이 바로 그것입니다.

사모펀드는 뮤추얼펀드와 같은 일반적인 투자방식에 비해

1) 운용비용이 비싸고 2) 분산투자가 잘되지 않으며 3) 차입금이 과도하고 4) 유동성이 낮은 문제점을 갖고 있습니다.

상 품 투 자

상품 투자 대상은 곡물, 식료품 등의 농산품을 비롯해 가축, 고기, 희귀 금속, 금, 은과 같은 공업용 금속, 원유·가스와 같은 에너지원이 해당됩니다. 상품에 투자하기 위해서는 뮤추얼펀드나 선물거래, 직접투자 등의 방법이 있습니다.

상품 투자 주창자들은 인플레이션을 방어하고 위험 분산의 혜택을 제공한다고 말할 것입니다. 단기간에 걸쳐 본다면 이 말은 사실이지요. 그러나 장기간에 걸친 투자는 다음과 같은 요인을 고려해야 합니다.

1. 좋은 해지펀드는 장·단기 차원에서 여러분이 줄이려는 위험과 매우 높게 연관돼 있는 것이어야 합니다. 분산투자가 잘된 상품 구성이라고 하면 장기간에 걸친 인플레이션과 깊은 상관관계를 갖고 있어야 합니다. 단기적으로는 상품 가격의 진폭이 인플레이션의 움직임보다 더 유동적일 수 있기 때문입니다. 그러므로 상품 투자를 통해 인플레이션

6 Phalippou, Ludovic and Oliver Gottschalg, 2009, "Performance of private equity funds", *The review of Financial studies*, Vol 22, Issue 4, pp.1747-1776

해지를 시도한다면 단기간의 손실 또는 이익을 감수해야
합니다. 이는 위험 회피Hedging의 잠재적인 혜택을 상쇄할
수 있습니다.

2. 전통적인 투자와 달리 상품 투자는 배당이 없으며 이자 수
익도 없습니다. 또한 비즈니스 가치를 창출하지도 않습니
다. 투자자들은 자신들의 예상을 근거로 배팅을 한 뒤 거래
마지막에 승자냐 패자냐만 판가름이 납니다. 광범위하게
투자된 주식 포트폴리오에는 에너지, 광물자원, 농업, 천연
자원과 정련 제품 관련 회사의 주식이 포함돼 있어 이미 상
당한 수준의 상품 투자가 이뤄져 있습니다.

요점

우리가 판단할 때 비용 구조, 분산투자의 결핍, 제한적인 현
금성 등의 요인을 고려한다면 성공적인 투자 실적을 위해서는
대체투자를 선택할 필요가 없다고 봅니다.

CHAPTER 8

누구나 투자에 성공할 수 있다
Everyone Can Succeed

일반적으로 알려져 있던 투자 상식과는 거의 정반대의 내용들이 이 책에 담겨 있다는 것에 의심할 여지가 없습니다. 대부분 투자와 관련된 조언이라고 하면 시장 예측forecasting을 떠올리곤 합니다. 여러분은 과연 주가를 귀신처럼 맞추는 수정공crystal ball을 찾을 수 있을까요?

잘 아시다시피 미래를 맞출 수 있는 사람은 아무도 없습니다. 그것이 어쩌면 자본주의의 긍정적인 산물인지도 모릅니다. 그렇지 않다면 그것이 자본주의는 아닐 것입니다.

투자는 이기고 지는 게임이 아닙니다. 경쟁적인 스포츠도 아니지요. 내가 옳다고 해서 늘 이기는 것도 아니고, 틀렸다고 해서 늘 지는 것도 아닙니다. 자본 시장에서는 승자도 없고 패자도 없습니다. 물론 자본주의 시스템 하에서는 엄청난 돈을 벌 수도 있고 반대로 모든 것을 잃을 수도 있습니다. 그러나 지금까지 설명한 다섯 가지 투자 결정 요인을 잘 지키면 성공적인 투자 경험을 갖게 될 것입니다.

자본의 수익은 자본 비용과 동일하다는 것이 경제학의 진실입니다. 부는 경제적 성장을 이끌어 내기 위해 천연 자원과 노동력, 지적자산, 금융자산 등이 모두 합쳐질 때 창출된다고 여겨 왔습니다. 여러분이 투자한 회사의 투자자산이 글로벌 경제를 위해 투입되고 사용될 때 그 지분을 소유할 자격이 생기는 것입니다. 그것은 결코 공짜 점심이 아니지요. 여러분의 자본이 경제활동에 사용되도록 했기 때문에, 정당하게 보상을 받는 것입니다.

그렇다면 어떻게 우량 주식을 손에 쥘 수 있을까요? 다시 한 번 강조하지만 공개적인 고정금리Fixed Income 상품과 글로벌 자본 시장의 수익률을 따라잡기 위해 시도되는 다양한 주식의 분산 투자가 가장 효과적인 방법이라고 생각합니다. 적절한 시간 안배와 훈련을 통해 금융 목표를 달성할 수 있습니다.

자기 스스로 통제할 수 없는 것에는 너무 집중하지 마십시오. 모기지 위기나 국가 부도 위기 또는 멕시코만 원유 유출과 같은 사건들은 결코 예견할 수 없습니다. 그러나 재무 자문 그룹과 함께 비용을 줄이고 자산배분을 적절히 하며 투자 전략을 유지하는 일은 가능합니다. 이제 여러분은 더 나은 길을 알게 되었습니다. 여러분이 바로 그 해답을 갖고 있습니다.

지은이의 말

A Personal Note
from
the Authors

투자 철학과 열정

"댄, 나는 최근 의사에게서 진단 결과를 받았네. 다른 종양을 발견했다고 하더군. 6개월 밖에 남지 않았대". 2010년 6월 8일 고든이 전화로 나에게 말했다. 나는 캘리포니아 몬테레이의 태평양 바다가 보이는 한 호텔에서 바다를 내려다보며 투자 컨퍼런스에서 발표할 내용을 준비하고 있었다. 나는 어떤 이유에서인지 그에게 "그동안 네가 그렇게 쓰고 싶어했던 책을 쓰자"고 제안했다.

그는 힘들다고 했지만 우리가 같이 하면 할 수 있다고 독려했다. 나는 책을 그 친구에게 전해 주기로 결심했다. 나에게 오랜 기간 많은 도움을 준 친구를 위해 일을 시작할 계획이었다.

내가 고든을 처음 만난 것은 2002년, 그는 "가족의 투자를 도와달라"며 나를 찾아왔다. 그는 스스로가 월스트리트에서 25년 일한 관록 있는 투자자였다. 세계에서 가장 크고 복잡한 기관투자자를 관리해 온 그였다. 우리는 금방 친해졌고 시간이 갈수록 개인적인 사생활까지 털어 놓은 더 깊은 사이가 됐다. 우리는 깊은 신뢰와 동지애를 공유하는 아주 특별한 관계로 발전했다.

고든은 넓게 분산투자된 포트폴리오를 구성하면 주관적인 예측이나 주식 선별 매수stock picking, 투자 호기 포착 전략market timing과 같은 월스트리트의 전통적인 투자 기법을 동원하지 않아도 글로벌 자본 시장의 수익률을 달성할 수 있다는 사실에 점점 매료됐다. 자본 시장에서 새로운 것을 익히는 학생의 입장으로서 바라보면 시장에 대한 자신의 지식이 불완전하다는 사실에 그는 놀라곤 했다.

내가 아는 고든은 투자에 열정이 있었으며 다른 사람들에게 그 수익을 베풀 줄 아는 사람이었다. 그는 또 기존 금융 서비스 산업의 방식이나 고객을 대하는 방법에 대해 갈수록 회의감을 갖게 됐다. 그는 투자에 성공한 사람의 이야기 혹은 잘못된 결정을 내려 곤혹을 치른 이들과 관련된 자료들을 수년 동안 내게 제공해 왔다. 고든은 우리가 공유하는 투자 철학을 명확하고 간결한 내용의 책으로 만들어 개인 투자자들이 투자 시 고려사항을 주지함으로써 투자 위험을 회피하고 보다 나은 투자를 이끌어 내는 데 일조하고 싶다고 수차례 말했다.

그 꿈은 우리가 《투자를 위한 마지막 정답》의 저술을 마친 뒤 비로소 이루어졌다. 이 책을 집필하는 동안 우리는 서로 호흡이 척척 맞았다. 나는 이 책이 단지 고든의 유물로서만 의미가 있는 것이 아니라 많은 사람들의 성공을 돕는다는 데 의미를 부여하고 싶다.

댄 골디

삶의 마지막 도약

나는 뇌종양의 시한부 인생을 살고 있지만 행운이 찾아와 예상보다 긴 삶을 살고 있다. 더 운이 좋은 것은 사랑하는 가족과 친구들과 헤어질 여유를 갖고 마지막 준비를 할 수 있다는 것이다. 그리고 무언가 베풀 수 있다는 것이 더 큰 행운인 것 같다. 수십 년 동안 전통적인 금융 서비스 산업이 무고하고 열심히 일하지만 금융 기법이나 전문성이 떨어지는 사람들을 이용해 온 것을 수없이 봐 왔다.

내 마음 깊은 곳에서는 더 나은 투자의 길이 있다는 것을 알고 있었다. 나는 당연히 수동적인 투자자다. 나는 저비용 투자를 알고 있다. 그러나 나는 개인 투자자들이 이론이 아닌 실제 투자에서 실적을 올리지 못한다는 사실을 모르고 있었다. 이는 깜짝 놀랄 일이었다.

댄과 나는 일일 투자자를 돕고 증권시장의 부족한 문헌 공백을 채우기 위해 이 책을 썼다. 보다 정제되고 연속성을 띄며 읽기 쉽고 명료한 투자 개념을 전달하기 위한 것이다. 이 책은 개인 투자자들에게 핵심적인 지식을 제공해 그들의 개인 취향에 맞게 투자를 준비할 수 있도록 도와준다.

《투자를 위한 마지막 정답》스토리 뒤에는 사랑하는 나의 친구가 있다. 댄과의 공동 집필 작업은 내 일생에 있어서 가장 협조가 잘된 경우였다. 왜냐하면 우리는 서로의 강점과 약점, 개인의 취향을 서로 잘 알고 있었고 그래서 의견 불일치와 같은 잡음이 없었다. 댄은 얼마 남지 않은 내 인생에 특별한 의미를 부여했으며 나를 진정으로 한 단계 더 도약하게 해 주었다.

고든 S. 머레이

댄 골디와의 인터뷰

바버라 프리드버그

포트폴리오 매니지먼트

투자와 인생,
그리고 부유함에 관하여

   댄 골디와 고든 머레이는 투자에 있어 중요한 결정을 내리기 위해 알아야 할 주제들을 설명하는, 간결하면서도 종합적인 입문서를 썼다. 이 책을 읽고 난 후 나는 두 저자가 과연 어떤 이들일지 호기심이 생겼다. 두 사람은 모두 각각 투자 분야에서 성공적인 결과를 이뤄냈고, 골디는 전직 프로 테니스 선수라는 특이한 이력을 지니고 있었다. 더구나 책 뒤표지에 올라와 있는 유진 파마, 해리 마코위츠 등 현대 투자계의 저명 인사들이 남긴 아낌없는 찬사는 더욱 놀라웠다. 이 책의 이면에 과연 어떤 비하인드 스토리가 있을지 궁금해진 나는 공저자 중 한 사람인 댄 골디와 인터뷰를 했다.

Q. 전직 프로 테니스 선수였는데, 어떻게 투자 자문 쪽으로 이직하게 되었지요?

A. 저는 스탠포드대학에서 경제 금융학을 공부했고, 4학년 때는 재무계획 관련업체에서 인턴으로 일하기도 했습니다. 당시 이 일을 무척 좋아했던 나는 테니스 선수로서의 경력이 끝나게 되면 다시 금융 업계에서 일하겠다고 결심했지요. 테니스 투어를 다니는 동안에도 재무계획 입안에 대한 공부를 계속 했고, 프로 선수로 일한 경험 덕에 업계 쪽에서 좋은 인맥을 유지할 수 있었어요. 이직을 결정했을 무렵, 다행히 사업을 시작하고 고객을 유치할 수 있도록 도와줄 업체를 찾을 수 있었습니다.

Q. 대중적인 "주식 선별 매수" 방법과 지수 / 자산 할당 모델에 도움이 될 소유 상품의 판매를 피하는 결정을 내리도록 하는 데 영향을 미친 것은 무엇입니까?

A. 테니스 선수에서 금융업 쪽으로 전환기를 맞았을 무렵 인연을 맺은 투자 회사 가운데 하나가 캘리포니아 산타모니카에 있는 기관자금 관리회사인 디멘셔널 펀드 어드바이저였습니다. 1991년 이들은 수동적으로 관리되고 있던 뮤추얼펀드 자금을 독립적인 재정자문가들에게도 이용할 수 있도록 하기 시작했지요. 내게 가장 큰 영향을 미쳤던 것은 디멘셔널사의 공동설립자였던 렉스 싱큐필드였는데, 그는 1970년대 시카고에 있는 미국 국립 은행에서 세계 최초로 S&P500 인덱스 펀드를 시도했던 인물입니다.

　디멘셔널사의 데이터와 시장을 장악하려는 활동적인 금융

관리자들의 실패를 보여 주는 여러 학술 전문 자료들을 접하면서, 깜깜한 어둠을 밝혀 주듯 머릿속에서 탁하고 전구가 켜지는 것과도 같은 깨달음을 얻었습니다. 바로 이런 방식으로 세상이 돌아가야 한다는 생각이었죠. 증거는 압도적일 정도로 설득적이었고 수년 전 스탠포드 대학에서 배웠던 것들과도 일맥상통했습니다.

Q. 수수료를 받는 투자 고문으로서 처음에 고객을 유치하고 시장을 개척하는 과정이 무척 어려운 것으로 알고 있습니다. 안정적인 수입을 얻기까지 시간이 얼마나 걸렸지요?

초창기 고객을 모으고 적정한 수입을 벌기 시작하기까지 약 3년 정도가 걸렸습니다. 이것은 대부분의 투자 고문들이 경험하는 가장 힘든 시기이며 실패하기 쉬운 시기이기도 하죠. 상당한 인내가 필요로 합니다.

Q. 사업을 성장시키기 위해 했던 일 중 가장 중요한 것은 무엇이었나요?

지금까지도 내가 계속하고 있는 일과 같은 것들입니다. 고객에게 즉각적으로 대응하고, 엄격한 투자 접근 방식을 따르며, 명쾌하게 그리고 자주 고객들과 커뮤니케이션을 하며, 고객을 교육하는 데 집중하고, 고객의 이익을 가장 우선시하는 수탁자로서 일하는 것입니다.

Q. 책에서 재정 전문 운용 인력을 고용하는 것의 이점 가운데 하나가 "고급 정보에의 접근성"이라고 했는데요. 어떤 종류의 정보를 말하는 것입니까?

예를 들면 전문적인 재정 운용자가 아니면 접근하기 어려운 기관 뮤추얼펀드나 분리 관리되는 계좌와 같은 다수의 투자 상품들이 그것입니다. 제 경우, 고객의 투자 계획을 시행하기 위한 투자 대상으로 디멘셔널 뮤추얼펀드를 활용합니다. 이런 펀드들은 개인 투자자들은 이용할 수 없지요. 또한 몇몇 재정 고문들은 개인적으로는 이용 불가한 특별한 소프트웨어나 투자 조사기관을 활용하기도 합니다.

Q. 부자가 되기 위한 최고의 성공 팁을 서너 가지 제시한다면?

시장의 효율성을 받아들이세요. 활동적인 매니지먼트를 통해 시장을 통제하는 것은 결코 쉽지 않습니다. 대신 폭넓은 다양성을 지니고 시장수익을 확보하기 위해 설계된 포트폴리오를 만들어야 합니다.

그리고 감정을 무시하세요. 우리가 가진 자연스러운 직감은 투자에 있어서 가장 위험한 적이 될 수 있습니다. 트렌드를 좇고, '핫한' 주식이나 뮤추얼펀드를 따라가고, 혹은 과거 실적에 따라 매니저나 뮤추얼펀드를 고르고자 하는 충동은 기피해야 합니다.

리스크가 예상 수익을 결정합니다. 투자를 결정하는 데 가장 중요한 것은 당신이 보유한 자산을 주식이나 채권, 현물과 같은 다양한 자산 등급 중 어디에, 어떻게 할당하느냐입니다. 장기적으로 보자면 리스크는 수익의 가장 주요동인動因

이지요.

　마지막으로, 다양성 혹은 분산투자은 당신의 친구라는 것을 명심하세요. 보유 개별 주식 holding individual securities과 같은 비시장 리스크는 다변화시켜야 합니다. 분산투자는 예상 수익의 감소 없이 리스크를 줄입니다. 이는 금융업에서 유일한 공짜 점심이라 할 수 있습니다.

Q. 윔블던에서 준준결승에 오른 것만큼 성공적으로 사업을 성장시키는 것은 뛰어난 성과로 보입니다. 인생을 위한 당신만의 성공적인 팁이 있다면 뭘까요?

성공한 모든 이들은 자신이 하는 일에 열정을 갖고 있다고 생각합니다. 자신이 좋아하는 일을 하는 것이 더 중요합니다. 성공은 자연스럽게 따라오게 되지요. 또한 성실과 노력을 대신할 수 있는 것은 없습니다. 어떤 직업이나 업무에서든 결과는 자신이 쏟아 부은 노력에 직접적으로 비례하여 나타나게 됩니다. 스포츠나 비즈니스, 그 어떤 분야에서든지 최고의 자리에 있는 이들은 타고난 것이 아니라 스스로 만들어진 것입니다.

Q. 이 책의 공저자인 고든 머레이에 대해 독자들에게 이야기하고 싶은 것이 있다면 무엇일까요?

제가 고든을 처음 만난 것은 2002년, 고든이 25년간 세계적인 투자자들과 함께 일했던 월가에서 은퇴하고 난 직후였어요. 우리는 금방 좋은 친구가 되었고, 그는 내가 따르고 있었던 투자 전략에 매력을 느꼈지요. 이는 그가 월가에서 배웠던 투자 방식과는 매우 달랐습니다.

고든은 21개월 전에 안타깝게도 말기암 판정을 받았습니다. 그리고 그 사실을 알고 난 후부터 그는 다른 이들에게 베풀기 위해 자신을 헌신했습니다. 그는 수많은 연설을 다녔고, 의회에서 금융개혁에 대해 이야기하기도 했고, 사람을 관리하는 방식에 대한 감동적인 글을 남기기도 했습니다. 또한 저와 힘을 모아 그의 마지막 프로젝트였던 이 책을 저술하는 데 많은 시간을 보냈습니다. 그의 상황을 급박함을 잘 알고 있던 우리는 정말 생각보다 빠른 시일 내에 이 책을 완성해냈지요. 이 책을 쓰는 과정은 우리 두 사람 모두에게 너무나도 특별했습니다. 마치 이미 그렇게 되기로 정해져 있었던 것처럼 멋지게 협동했어요. 우리는 서로에게 영감을 주었고 우리가 하고자 하는 일의 의미를 끌어냈습니다. 바로, 고든의 유산이 될 무언가를 창작해 내는 것, 사람들에게 투자하는 보다 새로운 방식을 알려주는 것, 그리고 이 세계를 보다 좋은 곳을 만드는 것이었습니다.

고든은 나뿐만 아니라 많은 이들에게 너무나 훌륭한 선생님이었고, 멘토이자 친구였으며 동료였어요. 그가 세상을 떠나도 많은 이들을 그를 기억하고 그리워할 겁니다.

출처 | http://barbarafriedbergpersonalfinance.com

부록

Appendix

가상 포트폴리오 비중

	확정금리	안정적	보수적	적극적	공격적	주식투자
자산 분배 비율	**0%**	**20%**	**40%**	**60%**	**80%**	**100%**
미국 주식	**0%**	**14%**	**28%**	**42%**	**56%**	**70%**
대기업 지수(S&P500 지수)	0.0	4.0	8.0	12.0	16.0	20.0
대기업 가치 지수	0.0	4.0	8.0	12.0	16.0	20.0
소형주 지수	0.0	2.0	4.0	6.0	8.0	10.0
소형주 가치 지수	0.0	2.0	4.0	6.0	8.0	10.0
부동산 지수	0.0	2.0	4.0	6.0	8.0	10.0
미국 외 지역 주식	**0%**	**6%**	**12%**	**18%**	**24%**	**30%**
국제적 가치 지수	0.0	2.0	4.0	6.0	8.0	10.0
국제적 소형주 지수	0.0	1.0	2.0	3.0	4.0	5.0
국제적 소형주 가치 지수	0.0	1.0	2.0	3.0	4.0	5.0
신흥 시장 지수	0.0	0.6	1.2	1.8	2.4	3.0
신흥 시장 가치 지수	0.0	0.6	1.2	1.8	2.4	3.0
신흥 시장 소형주 지수	0.0	0.8	1.6	2.4	3.2	4.0
확정 금리	**100%**	**80%**	**60%**	**40%**	**20%**	**0%**
미국 재무부 1년 금리	25.0	20.0	15.0	10.0	5.0	0.0
세계 정부 1~3년 채권 지수 (위험 회피된 지수)	25.0	20.0	15.0	10.0	5.0	0.0
재무부 1~5년 채권 지수	25.0	20.0	15.0	10.0	5.0	0.0
세계 정부 1~5년 채권 지수 (위험 회피된 지수)	25.0	20.0	15.0	10.0	5.0	0.0

용어

SOURCES
AND
DESCRIPTIONS OF DATA

THE
INVESTMENT
ANSWER

Fama/French 미국 소형주 지수
CRSP 증권데이터에서 제공되는 지수로, NYSE 증권 시가의 시가 총액에서 절반보다 낮은 범위를 포함한다.

S&P500 지수
스탠다드 앤드 푸어에서 제공하는 지수.

Fama/French 소형주 가치 지수
CRSP 증권데이터에서 제공 되는 지수로 NYSE 증권 시가의 시가 총액에서 절반보다 낮은 범위와 장부가치 대비 시장가치가 30% 이상인 지수를 포함한다
(NYSE Amex 대응지수와 나스닥 대응지수가 합쳐진 것이다.) 통합회사 제외

Fama/French 대기업 가치 지수
CRSP 증권데이터에서 제공 되는 지수로 NYSE 증권 시가의 시가 총액에서 절반보다 높은 범위와 장부가치 대비 시장가치가 30% 이상인 지수를 포함한다
(NYSE Amex 대응지수와 나스닥 대응지수가 합쳐진 것이다.) 통합회사 제외

Fama/French 미국 소형주 성장 지수

CRSP 증권데이터에서 제공 되는 지수로 NYSE 증권 시가의 시가
총액에서 절반보다 낮은 범위와 장부가치 대비 시장가치가 30%
보다 낮은 지수를 포함한다
(NYSE Amex 대응지수와 나스닥 대응지수가 합쳐진 것이다.) 통
합회사 제외

Fama/French 미국 대형주 성장 지수

CRSP 증권데이터에서 제공 되는 지수로 NYSE 증권 시가의 시가
총액에서 절반보다 높은 범위와 장부가치 대비 시장가치가 30%
보다 낮은 지수를 포함한다
(NYSE Amex 대응지수와 나스닥 대응지수가 합쳐진 것이다.)

CRSP Deciles 1-5 지수

CRSP(Center for Research in Securities Price), 시카고 대학에서 조사
한 대기업의 순환을 말한다.

1988년 10월~현재 | CRSP Deciles 1-5 cap-based 포트폴리오.

1973년 1월~1988년 9월 | CRSP 데이터베이스 (NYSE & AMEX & OTC), 분
기별로 재조정.

1962년 7월~1972년 12월 | CRSP 데이터베이스 (NYSE & AMEX & OTC),
분기별로 재조정.

1926년 1월~1962년 6월 | NYSE, 반년마다 재조정.

CRSP Deciles 6-10 지수

CRSP, 시카고 대학에서 조사한 소기업의 순환을 말한다.

1988년 10월~현재 | CRSP Deciles 6-10 cap-based 포트폴리오.

1973년 1월~1988년 9월 | CRSP 데이터베이스 (NYSE & AMEX & OTC), 분기별로 재조정.

1962년 7월~1972년 12월 | CRSP 데이터베이스 (NYSE & AMEX & OTC), 분기별로 재조정.

1926년 1월~1962년 6월 | NYSE, 반년마다 재조정.

Dow Jones US 선택 REIT 지수

다우존스에서 제공하는 지수

국제적인 주식들

국제적인 소형 지수

1994년~현재 | 국제적인 소형 지수와 블룸버그 증권데이터에서 언급된 것을 편집한 것이다. 시가 총액이 10% 아래인 나라들의 MSCI 지수를 포함한다. 시가 총액은 가중되는데, 각 기업이 5%가 가중되는 것이다. 1년마다 재조정이 된다.

1981년~1993년 | 스타일리서치 증권데이터에서 언급된 것을 편집한 것이다. 시가 총액의 10% 밑인 증권이 포함이 된다. 시가 총액의 1% 아래면 제외한다. 시가 총액에 가중이 되어지며, 해당 나라들은 50%를 가중하게 된다. 반년마다 재조정된다.

1970년~1981년 | 50% 영국 소형 지수와 50% 일본 소형 지수

MSCI EAFE 지수
모건스탠리 캐피탈 인터네셔널의 외국 주가 시장의 주가 지수

일본 소형주 지수

1994년~현재 | 일본 소형주 지수는 블룸버그 증권데이터에서 언급된 것을 편집한 것이다. 시가 총액 10% 아래인 일본 주식들이 포함된다. 시가 총액이 가중이 되는데 각 기업들은 10%를 가중하게 된다. REIT는 제외된다. 1년마다 재조정된다.

1981년 7월~1993년 | 스타일리서치 증권데이터에서 언급된 것을 편집한 것이다. 시가 총액이 10% 아래인 일본 증권들이 포함된다. 시가 총액이 1% 아래면 제외한다. 시가 총액은 가중하게 된다. 반년마다 재조정한다.

1970년~1981년 6월 | 도쿄의 노무라증권에서 노무라 일본 소형 기업 지수가 제공되었다. 도쿄증권거래소에서 처음 부분의 반보다 작은 주식들이 포함된다. 시가 총액은 가중되어 진다. 반년마다 재조정된다.

영국 소형주 지수

1994년~현재 | 영국 소형주 지수는 블룸버그 증권데이터에서 언급된 것을 편집한 것이다. 시가 총액 10% 아래인 영국 주식들이 포함된다. 시가 총액이 가중이 되는데 각 기업들은 10%를 가중하게 된다. REIT는 제외된다. 일년마다 재조정된다.

1981년 7월~1993년 | 스타일리서치 증권데이터에서 언급된 것을 편집한 것이다. 시가 총액이 10% 아래인 영국 증권들이 포함된다. 시가 총액이 1% 아래면 제외한다. 시가 총액은 가중하게 된다. 반년마다 재조정한다.

1956년~1981년 6월 | 런던 비즈니스 스쿨과 ABN AMRO에서 호어 가베트(Hoare Govett) 소형 기업 지수를 제공한다. 영국 증권 전체에서 시가 총액이 10% 아래인 영국증권거래소 증권들이 포함된다. 시가 총액은 가중된다. 일년마다 재조정된다.

Fama-French 국제 가치 지수

2008년~현재 | Fama / French 국제 가치 지수는 블룸버그 증권데이터로 부터 제공되어 진다. 시장 가치가 30%가 넘는 MSCI EAFE 나라들의 모의 전략.

1975년~2007년 | MSCI 증권 정보를 FAMA / French에 제공했다.

국제적인 소형주 가치 지수

1994년~현재 | 국제적인 소형주 가치 지수는 스타일리서치 증권데이터에서 언급된 것을 편집한 것이다. 시가 총액이 10% 아래인 영국 증권들이 포함된다. 시가 총액이 1% 아래면 제외한다. 시가 총액은 가중하게 된다. 반년마다 재조정한다. 시가 총액이 10% 아래이면 시장가치가 30% 이상인 미국을 제외한 MSCI 나라들의 증권이 포함된다. 시가 총액은 가중된다. 각 기업들은 5%의 가중치를 가지게 된다. REITs와 통합회사는 재외 된다. 일년마다 조정한다.

1992년~1993년 | 스타일리서치 증권데이터에서 언급된 것을 편집한 것이다. 시가 총액이 10% 아래인 증권이 포함된다. 시가 총액이 1% 아래인 것과 시장 가치가 30% 이상 것은 제외 된다. 시가 총액은 가중된다. 각 나라들은 50% 가 가중된다. 반년마다 재조정된다.

MSCI 이머징 마켓 지수
모건스탠리의 신흥 시장의 주가 지수

Fama/French 이머징 마켓 지수

2009년 | 블룸버그 증권데이터로 부터 Fama / French 에 제공된다.

가상적인 전략으로 IFC(국제금융공사) 투자 가능한 투자 유니버스(투자목록)를 가진 나라들은 사용한다. 회사들은 시가 총액의 합계가 30%이상 이여야 한다. 회사들은 바닥권에서 조정되면 가중된다. 국가 차원에서는 바닥권에서 조정되면 가중된다. 매달 재조정된다.

1989년~2008년 I IFC 증권데이터에서 제공된다. IFC 데이터는 IFC로 부터 제공받는다.

Fama/French 이머징 마켓 지수

2009년 I 블룸버그 증권데이터로 부터 Fama/French에 제공된다.
가상적인 전략으로 IFC 투자 가능한 투자 유니버스(투자 목록)를 가진 나라들은 사용한다. 회사들은 시가 총액의 합계가 30% 아래여야 한다. 회사들은 바닥권에서 조정되면 가중된다. 국가차원에서는 바닥권에서 조정되면 가중된다. 매달 재조정된다.

1989년~2008년 I IFC 증권데이터에서 Fama/French에 제공된다. 데이터는 IFC로 부터 제공받는다.

고정수익

장기 국고 채권 Long term Government Bonds
시카고 이보슨 어소시어츠(Ibbotson Associates)가 발표, 주식, 장기채권, 단기채권과 년간 인플레이션. 평균 20년 만기 US 채권을 포함한다.

Barclays Capital US Government/Credit Bond Index

Intermediate
바클레이스 은행(영국의 글로벌 은행)에서 제공하는 지수

1달 만기 US 제정증권(One-Month US Treasury Bills)
시카고 이보슨 어소시어츠가 발표. 주식, 장기채권, 단기채권과
년간 인플레이션

메릴린츠 1년 만기 미국 재무부 중장기 국채 지수
Merrill Lynch Pierce, Fenner & smith 주식회사에 승인되어 사용
가능한 채권 지수, 메릴린츠 지수들은 복제가 안 되고, 사용 가능
하다. 또는 메릴린츠의 사전 허가 없이 유통된다.

CitiGroup World Government Bond Index 1-3 year (hedged)
씨티그룹이 관리하는 23개 선진국 1-3년 정부채권으로 구성된 투
자지수

CitiGroup World Government Bond Index 1-5 year (hedged)
씨티그룹이 관리하는 23개 선진국 1-5년 정부채권으로 구성된 투
자지수

Barclays Capital Treasury Bond Index 1-5 year
바클레이은행에서 제공하는 1-5 채권지수

Barclays Capital US Government Bond Index Intermediate

바클레이은행에서 제공하는 US 국가 채권지수

인플레이션 : 소비자 물가 지수의 변화

시카고 이보슨 어소시어츠가 발표, 주식, 장기채권, 단기채권과
년간 인플레이션

옮긴이의 말

이 얇은 책의 제목은 《투자를 위한 마지막 정답》이다. 그리고 에디슨의 필라멘트 전등이 그 표지다. 내용은 너무나 간단하여, 소동파가 한 도인에게서 깨달음을 얻는 장면을 떠올리게 한다. "어떤 것이 깨달음의 길입니까"라고 소동파가 도인에게 묻자, "어떤 나쁜 일도 하지 말고, 좋은 일만 하라"고 도인은 답했다고 한다. 실망한 소동파는 "아니, 도사님. 그것은 3살 먹은 어린아이도 아는 것 아닙니까" 하고 다시 묻자, 도사는 "3살 먹은 어린아이도 아는 것이지만 80먹은 노인도 실천하지 못하는 것이라오"라고 답했다

이 책은 경영학과를 나와 외국인 회사 경리부와 증권 회사만 25년을 다닌 나에게는 너무나 당연한 이야기들이었다. 그러나 나뿐만 아니라 어느 선배도 어느 후배도 실천하기가 힘든 내용이라는 것은 한참 후에 알게 되었다.

이 책의 내용은 깨달음을 얻은 선사의 한마디와 같다. 증권 회사 출신으로 업계의 관행에 익숙한 나는 나를 믿을 수 없었다. 그래서 신문사 증권부, 경제부 출신의 기자에게 이 책을 건 넸다. 그리고 증권 회사 고문과 대학원에서 프라이빗 뱅킹을 전공하는 석사 과정의 한 학생에게도 보여 주었다.

그래서 얻은 결론은, 이 책이 실전에서는 너무나 유익한 내 용이라는 것이다. 단지 물고기가 물맛을 모르듯, 증권사 영업 전선에서 귀에 못이 박히도록 들어온 것이라 그 가치를 내가 모를 뿐이었다.

이제 이 책을 한국의 독자들에게 바친다. 한국의 많은 금융 기관, 특히 증권 회사와 투자상품을 팔고 있는 선후배들에게는 미안하다. 이 책의 저자는 자신이 근무했던 금융기관의 속성을 설명하느라, 나와 내 동료들을 많이 비난했다. 은퇴한 나는 괜

찮지만, 이 책을 내가 번역해도 되는가 싶었다.

결국 '우승택의 경제야생테크연구소'의 1호 작품이 되었다. 일반적으로 재테크는 돈, 즉 재산에다가 기술을 '거는' 것을 말한다. 생(生)테크란 우리의 삶, 곧 우리의 인생에 기술을 거는 것을 의미한다. 이 책이 많은 사람들의 인생을 업그레이드 시키고, 금융시장, 특히 증권시장을 이해하여 많은 사람들이 작금의 성장하는 한국의 기업과 그 과실들을 공유하게 되기를 바란다.

전직 경제부기자답게 객관적 시각에서 꼼꼼히 보아 주고 지적해 주어, 이 책이 한국에 나오게 도와 준 딜로이트 안진회계법인 홍순재 이사. 숭실대학교 글로벌경영대학원 PB학과 석사 과정의 정윤창 학우, 그리고 경제야생테크연구소 수석 연구원인 박기형전께게 고마운 마음을 전한다.

옮긴이 우승택생테크연구소

우승택 | 한국외대, 서강대 대학원을 졸업하였다. 삼성증권 PB연구소 연구소장 역임하였으며, 숭실대학교 글로벌경영대학원 PB학과 겸임교수로 재직 중이다. MBC「일요일 일요일 밤에」의 '경제야 놀자' 코너에서 전문 PB로 활약하며 재미있고 쉬운 경제풀이로 시청자의 큰 호응을 얻었다. 지은 책으로는《심상사성 금강경》과《사랑하면 보인다, 우승택 투자》가 있으며, 옮긴 책으로는《행복한 부자의 닭고기 수프》《차트로 배우는 주식투자 백전불패》가 있다. 현재 우승택생테크연구소(www.stwoo.co.kr) 대표이사다.

홍순재 |《파이낸셜뉴스》경제부 기자로 활동했으며, 현재 딜로이트 안진회계법인 이사로 재직 중이다.

투자를 위한 마지막 정답

초판 1쇄 인쇄   2012년 1월 19일
초판 1쇄 발행   2012년 1월 26일

지은이 | 댄 골디 · 고든 머레이
옮긴이 | 우승택생테크연구소
발행인 | 강봉자
펴낸곳 | (주)문학수첩

주 소 | 경기도 파주시 회동길 192(문발동 513-10) 출판문화단지
전 화 | 031) 955-4447(마케팅부), 031) 955-4500(편집부)
팩 스 | 031) 955-4455
등 록 | 1991년 11월 27일 제16-482호

http://www.moonhak.co.kr
e-mail:moonhak@moonhak.co.kr

ISBN 978-89-8392-416-2 03320

* 북앳북스는 (주)문학수첩의 경제·경영·실용 브랜드입니다.